快读二十四史

众阅国学馆【双色版】

冯慧娟◎编

辽宁美术出版社

图书在版编目（CIP）数据

快读二十四史 / 冯慧娟编 . — 沈阳 : 辽宁美术出版社 , 2019.6（2024.1重印）
（众阅国学馆）
ISBN 978-7-5314-8365-6

Ⅰ . ①快… Ⅱ . ①冯… Ⅲ . ①中国历史－古代史－纪传体－通俗读物 Ⅳ . ① K204.1-49

中国版本图书馆 CIP 数据核字 (2019) 第 117905 号

出 版 社：辽宁美术出版社
地　　址：沈阳市和平区民族北街 29 号　邮编：110001
发 行 者：辽宁美术出版社
印 刷 者：北京一鑫印务有限责任公司
开　　本：787mm × 1092mm　1/32
印　　张：5
字　　数：100 千字
出版时间：2019 年 6 月第 1 版
印刷时间：2024年 1 月第 3 次印刷
责任编辑：申虹霓
装帧设计：新华智品
责任校对：郝　刚
ISBN 978-7-5314-8365-6

定　　价：25.00 元

邮购部电话：024-83833008
E-mail：lnmscbs@163.com
http：//www.lnmscbs.cn
图书如有印装质量问题请与出版部联系调换
出版部电话：024-23835227

前言

中华文明，源远流长。自太史公持如椽巨笔而著《史记》以来，史学界名家辈出，涵盖一代之史不断问世。至清官修《明史》付梓，共得史籍二十四部，习称《二十四史》。它上起炎黄二帝的农耕渔猎，中承秦皇汉武、唐宗宋祖的文治武功，下迄明清之际的风云变幻，展示了炎黄以来中国近五千年的发展历程，是乾隆皇帝钦定的“中华正史”，也是研究中国历史乃至中国古代文化的最具权威性的资料宝库，堪称中华文明的百科全书。

“读史可以明智，知古可以鉴今”。尽管刀光剑影已在历史的尘埃中黯淡，鼓角铮鸣已在岁月的长河中消散，但史籍的光辉却穿透时间的阻隔，将一串串熟悉的名字、一段段古老的往事带到了我们面前。了解“正史”，领悟“正史”，让英雄洗尽铅华，让风云尽显本色，是历史的要求，也是现实的责任。

“一篇读罢头飞雪”，面对这部历时一千八百多年、总计三千二百余卷、四千多万字的皇皇巨著，许多人难免望而却步。让广大读者用较少的时间领悟《二十四史》的精华，领略中华历史文化的神韵，便成为本书立言之根本。

从《史记》到《明史》，从本纪到列传，从传说中的黄帝到明末义军领袖李自成，本书从《二十四史》中仔细撷取最精彩的篇章，删繁就简，去芜存精，力图使您透过历史的重重迷雾，感受“正史”的耀眼光辉。

为方便阅读，我们开辟了“读史理由”“史籍简介”“作者简介”“读史指南”“本经快读”等几个板块，将史书编纂的相关背景清晰地呈现出来，辅以通俗的译文和精当的指南，为读者构筑了一个方便快捷的读史平台。

由于编者水平所限，书中难免有所疏漏，不当之处，还请广大读者批评指正！

目录

目录

史记

◎西汉·司马迁
◎王菁华　节译

【读史理由】

史家之绝唱，无韵之《离骚》。——鲁迅

我国纪传体史学的奠基之作，同时也是我国传记文学的开端。

【史籍简介】

《史记》是西汉史学大家司马迁撰写的一部纪传体通史。它的叙事从传说中的黄帝开始，到汉武帝元狩元年（前122）结束，记载了我国三千年左右的历史。全书有本纪十二篇，表十篇，书八篇，世家三十篇，列传七十篇，共一百三十篇。

【作者简介】

司马迁（前145—前90），字子长，左冯翊夏阳（今陕西韩城西南）人。十岁开始学习当时的古文。汉武帝元朔三年（前126），司马迁二十岁，满怀求知的欲望，游遍祖国的名山大川，到处考察古迹，收集史料。父亲司马谈死后，他承袭父职，做了太史令。太初元年（前104），与天文学家唐都等人共订“太初历”。同年，开始动手编《史记》。天汉二年（前99），为李陵一案触怒了汉武帝，被捕下狱受了“腐刑”。太始元年（前96），获赦出狱，做了中书令。他发愤著书，全力写《史记》，在征和二年（前91），终于完成了全书的撰写和修改工作。

除《史记》外，司马迁还作赋8篇，均已散失，唯《艺文类聚》卷30引征《悲士不遇赋》的片段，记述他下狱受刑的经过和发愤修史的抱负。

【读史指南】

《史记》不但是纪传体史学的奠基之作，而且开创了传记文学的先河，为我国古代文化建立了不朽的丰碑。

《史记》的史学成就，主要表现在以下四方面：

一、首创“纪传体”史书体例，成王朝“正史”规范。“纪传体”是以人物为中心的史书编纂方法，这是司马迁的首创。我国早在先秦时期，史传文学便已初具规模，记言为《尚书》，记事为《春秋》，其后又有编年体的《左传》和国别体的《国语》《战国策》。司马迁以纪传体修成《史记》之后，这种体例为历代史家沿用，成为我国古代主要的史学体例之一。

二、使史学脱离经学，奠定独立学术地位。在《史记》之前，史学一般含在经学之内，没有独立的地位。在我国最早的目录学著作《七略》（西汉刘歆著）和《艺文志》（东汉班固著）中，史部之书都是附在《春秋》的后面。《史记》修成之后，后人纷纷效仿。到了西晋，学者荀勖顺应潮流，把历代典籍分为四部：甲部记六艺小学，乙部记诸子兵术，丙部记史记皇览，丁部记诗赋图赞。从此，史学在我国学术领域中正式取得独立地位。

三、融汇古今，涉猎百科，开启通史修撰先例。《史记》堪称第一部规模宏大、体制完备的中国通史，政治、经济、军事、文化、少数民族和外国历史无所不包。在人物上，书中立传描写的人物，包含各个阶层；在对社会经济生活的描述上，甚至还开创了中国史学重视经济活动的传统。在竭尽所能地勾画古今的社会原貌上，司马迁显然已经超越了整个时代，正如他本人所言，他修撰《史记》的最高理想是“究天人之际，通古今之变，成一家之言”。这种通史体裁，一直影响着近现代的史学研究与写作。

四、不虚美，不隐恶，为后世史家树立榜样。司马迁在广泛取材的同时，注意鉴别和选择材料，“不虚美，不隐恶”。全书以叙事为主，是非褒贬一般都寓于叙事之间，而不轻下断语，表现了审慎而务实的科学态度。

《史记》不仅在史学上取得了光辉的成就，在文学上也有不凡的造诣，其酣畅淋漓的文风对后世散文影响深远。从唐宋八大家到明代前后七子、清代桐城派，都对《史记》推崇备至。《史记》把许多晦涩难懂的古书词句译成汉代书面语，还适当地引用口语、谚语，显得平易简洁而又富有表现力。《史记》语言多为单行奇字，不刻意追求对仗工整，亦不避讳重复用字，形式自由，不拘一格。因此，历史上的很多古文家都把《史记》视为古文籍典范。

【本经快读】

五帝本纪

（节选自《史记》卷一）

【原文】

黄帝者，少典之子，姓公孙，名曰轩辕。生而神灵，弱而能言，幼而徇齐，长而敦敏，成而聪明。

黄帝像

轩辕之时，神农氏世衰。诸侯相侵伐，暴虐百姓，而神农氏弗能征。于是轩辕乃习用干戈，以征不享，诸侯咸来宾从。而蚩尤最为暴，莫能伐。炎帝欲侵陵诸侯，诸侯咸归轩辕。轩辕乃修德振兵，治五气，蓺五种，抚万民，度四方，教熊罴貔貅貙虎，以与炎帝战于阪泉之野。三战，然后得其志。蚩尤作乱，不用帝命。于是黄帝乃征师诸侯，与蚩尤战于涿鹿之野，遂禽杀蚩尤。而诸侯咸尊轩辕为天子，代神农氏，是为黄帝。天下有不顺者，黄帝从而征之，平者去之，披山通道，未尝宁居。

【译文】

黄帝，是少典部族的子孙，姓公孙，名叫轩辕。他很有灵性，出生不久就会说话，幼年时聪明机敏，长大后忠厚勤奋，成年以后见闻广博，对一切事物都看得很清楚。

轩辕时代，神农氏的后代衰落势微。于是各诸侯彼此攻战，残害百姓，而神农氏已经没有力量征讨他们。于是轩辕就习兵练武，去征讨那些不来朝贡的诸侯，各诸侯这才都来归顺。而蚩尤在各诸侯中最为凶暴，没有人能击败他。炎帝想攻打并欺压诸侯，诸侯都归从轩辕。轩辕修行德业，整顿军旅，研究四时节气变化，种植五谷，安抚民众，丈量四方的土地，训练熊、罴、貔、貅、貙、虎等猛兽，跟炎帝在阪泉的郊野交战。先后战斗了很多次，轩辕才如愿以偿地征服炎帝。后来蚩尤又发动叛乱，不服从黄帝的管制。于是黄帝征调诸侯的军队，在涿鹿郊野与蚩尤作战，终于擒获并杀死了他。从此，诸侯都尊奉轩辕做天子，取代了神农氏，这就是黄帝。天下有不归顺的，黄帝就前去征讨，平定一个地方之后就离去，一路上劈山开道，从来没有在哪儿安宁地居住过。

汉书

◎东　汉·班固
◎于明锐　节译

【读史理由】

我国第一部纪传体断代史。

研究西汉历史最可靠的第一手材料。

【史籍简介】

《汉书》，又名《前汉书》，是记载西汉历史的重要史书，也是我国第一部纪传体断代史著作。全书的叙事上起汉高祖刘邦起义反秦，下至新朝王莽败亡，详载了西汉二百多年的历史。它沿用《史记》的体例而略有变更，改“书”为“志”，改“世家”为“传”，由纪、表、志、传四个部分组成，包括本纪十二篇，表八篇，志十篇，列传七十篇，共计一百篇。

【作者简介】

班固（32—92），字孟坚，扶风安陵（今陕西咸阳东北）人。班固九岁能属文诵诗，博览群书，“九流百家之言，无不穷究”，十六岁入洛阳太学。父亲班彪去世后，他回乡守丧，承继父志，在《史记后传》的基础上编撰《汉书》。曾任兰台令史、校书郎、典校秘书等职。汉章帝建初七年（82），《汉书》的编写基本完成。汉和帝永元四年（92），班固因受窦宪一案的株连，被捕下狱，死于洛阳狱中。

【读史指南】

《汉书》，是继《史记》之后的又一部史学名著，也是我国第一部纪传体断代史。由于它具有杰出的学术成就，又很好地完成了封建政治与封建史学的结合工作，被晋初文学家傅玄称誉为“命世之奇作”，为历代学者所“共行钻仰”（司马贞《史记索隐后序》），成为传统史学的范本。

《汉书》作为首部大一统皇朝史，开断代史修撰之先河。《汉书》基本沿袭《史记》纪传体的体例，但改《史记》的通史为断代史。班固认为，《史记》的通史体例，将西汉一代“编于百王之末，厕于秦、项之列”，既不利于宣扬“汉德”，又难以突出汉代的历史地位。这是《汉书》断代为史的根据。《汉书》“包举一代”，起自西汉建立，终于新朝的灭亡，将断代体与纪传体相结合，使它们优势互补，很好地反映了中国社会阶段性发展的特点，为记载中国历史找到了最好的表现形式，并受到后来封建史家的赞誉，成为历代“正史”编纂的依据。这是《汉书》对中国史学做出的最突出贡献。

《汉书》以十志为主干，展开多种专史的撰述，为古代学术开辟了新领域。《汉书》的十志，包括律历、礼乐、刑法、食货、郊祀、天文、五行、地理、沟洫、艺文十种，内容丰富，又在篇目上有所创新，备受后人推誉。十志中，《刑法志》《五行志》《地理志》《艺文志》均是《汉书》新创篇目，史学价值极高。其中《刑法志》是简明刑法史，是古

班固像

代刑法专著的滥觞之作，开辟了史书和政书中刑法志的撰写传统，在史学、法学、社会政治、法制建设方面都做出了贡献。《五行志》专载五行灾异，志中有关自然灾害、地震、日月食的记载，是研究中国古代自然科学史的重要参考资料。《地理志》记录了当时的郡国行政区划、历史沿革、各地物产、经济概况，是后世史书中地理、郡国诸志的典范。《艺文志》则记载了我国古代学术文化的各种学科、不同学派的源流和得失，也记录了汉代官府藏书的情况，是我国现存的第一部目录学的著作。

《汉书》还首创了《古今人表》和《百官公卿表》。《古今人表》收录人物从传说时代的太昊到秦朝的吴广，分为九等，加以评价。《百官公卿表》为封建政权提供了不可缺少的组织章程，且开正史记述官职制度之先河。

【本经快读】

韩信传

（节选自《汉书》卷三十四）

【原文】

韩信，淮阴人也。家贫无行，不得推择为吏，又不能治生为商贾，常从人寄食。其母死无以葬，乃行营高燥地，令傍可置万家者。信从下乡南昌亭长食，亭长妻苦之，乃晨炊蓐食。食时信往，不为具食。信亦知其意，自绝去。至城下钓，有一漂母哀之，饭信，意漂数十日。信谓漂母曰："吾必重报母。"母怒曰："大丈夫不能自食，吾哀王孙而进食，岂望报乎！"淮阴少年又侮信曰："虽长大，好带刀剑，怯耳。"众辱信曰："能死，刺我；不能，出胯下。"于是信孰视，俯出跨下。一市皆笑信，以为怯。

【译文】

韩信是淮阴人，家里贫穷而又无德行，未能被推选为地方官吏，又不能经商谋生，经常依靠别人度日。韩信的母亲死了无钱埋葬，就找了一块干燥的高地安葬了，准备将来在他母亲的墓旁安葬万家。韩信依靠下乡南昌亭长度日，这就苦了亭长的妻子。亭长的妻子就清早起来做饭，在床上把饭吃了。到吃饭的时候，韩信去了，就不为他准备饭食。韩信也知道他们的用意，就自己断绝了关系而离去。韩信至城下钓鱼，有一个漂洗棉絮的漂母见他可怜，就给他饭吃，这

韩信领兵

样竟一连给他送了数十天饭。韩信对漂母说：“我以后一定重重报答您。”漂母生气地说：“大丈夫不能自食其力，我只是可怜您才给饭吃，岂能希望您图报啊！”淮阴少年又欺侮韩信说：“你身材虽然高大，但喜欢随身佩带刀剑，这是怯懦的表现。”他并当众侮辱韩信说：“你不怕死，就用剑刺我；如果你不刺，就从我胯下出来。”于是韩信凝视了他很久，慢慢低下身来从胯下爬了出去。街市上的人都嘲笑韩信，以为他是个怯懦之人。

【原文】

何闻信亡，不及以闻，自追之。人有言上曰：“丞相何亡。”上怒，如失左右手。居一二日，何来谒。上且怒且喜，骂何曰：“若亡，何也？”何曰：“臣非敢亡，追亡者耳。”上曰：“所追者谁也？”曰：“韩信。”

【译文】

萧何听说韩信逃走，来不及向刘邦报告，就亲自去追韩信。有人向刘邦说：“丞相萧何逃走了。”刘邦听了很生气，如同失去左右手一样。过了一两天，萧何来拜见。刘邦又生气又高兴，骂萧何说：“你为什么逃走？”萧何说：“臣下不敢逃走，我追逃走的人了。”刘邦说：“所追的是谁？”萧何说：“韩信。”

后汉书

◎南朝宋·范晔
◎张　扬　节译

【读史理由】

研究东汉历史的最基本的依据。

新增党锢、宦者、文苑、独行、方术、逸民和列女七种列传，为后世全面了解东汉历史提供了宝贵的资料。

【史籍简介】

《后汉书》是一部记载东汉历史的纪传体史书。它的记述起于刘秀起兵推翻王莽，终于汉献帝禅位于曹丕，详载了东汉一百九十五年的历史。全书共一百二十卷，分为纪十卷、传八十卷、志三十卷。其中纪、传的作者是南朝宋的范晔，志的作者是晋的司马彪，一般称为《续汉志》。

【作者简介】

范晔（398—445），字蔚宗，南朝宋顺阳（今河南淅川东）人。范晔出身于一个士族家庭，有很深的家学渊源。他博览群书，文采斐然，做过刘裕之子彭城王刘义康的参军，后升任尚书吏部郎。元嘉九年（432），范晔在为彭城太妃治丧期间，因行为失检得罪了刘义康，被贬为宣城太守。范晔郁郁不得志，就借助修史来寄托他的志向，开始写《后汉书》。

元嘉二十二年（445），当范晔完成了本纪、列传写作，同时又和谢俨共同完成《礼乐志》《舆服志》《五行志》《天文志》《州郡志》等五志的时候，有人告发他参与了刘义康的篡位阴谋，因此下狱而死。

【读史指南】

《后汉书》是继《史记》《汉书》之后又一部不朽的史学名著。它错落有致地描画出东汉的社会、民情与人物百态，表现出范晔高超的史学技巧。南宋学者王应麟赞曰：“史裁如范，千古能有几人？”（王先谦《后汉书集解》引）

《后汉书》的史学成就主要表现在以下两点：

一、善于剪裁史实，完善纪传体史书体例。范晔写《后汉书》时，在博采众书之长的基础上，对全书做了细致的整体规划，对史实进行了认真的剪裁。书中所述史实简明扼要，规避得法，彼此间既有照应，又不重复烦冗。例如，在本纪方面，《后汉书》改变了《汉书》一帝一纪的做法，而是援引《史记·秦始皇本纪》附二世胡亥和秦王子婴的先例，在《和帝纪》后附殇帝，《顺帝纪》后附冲、质二帝。这样既节省了篇幅，又不遗漏史实，可谓一举两得。

二、增设类传，全面再现东汉历史面貌。为了让《后汉书》符合东汉时期的历史特点，范晔在著述体例上下了一番工夫。《后汉书》纪、传的编次与《汉书》有所不同。比如东汉有六个皇后临朝称制。因此在《后汉书》中，纪的最后一篇是《皇后纪》，相当于《汉书·外戚传》。这样改动，反映了东汉时期皇统屡绝、权归女主的政治状况。在列传方面，《后汉书》除了沿袭《史记》

《汉书》的列传外，还新增了党锢、宦者、文苑、独行、方术、逸民和列女七种类传。这些类传都是根据东汉社会的实际情况和思想风尚设置的。如东汉一代党锢大兴，许多比较正直的大臣都因结党的罪名被杀；东汉的宦官多参与朝政，杀戮大臣，是党锢之狱的主要制造者。范晔根据这些史实，创立了党锢和宦者两个列传。此外，《文苑传》记词章之士，《独行传》记特立独行之人，《逸民传》记隐居不仕的高士，《方术传》记科学技术和谶纬神学，《列女传》记才行优秀的妇女。这些类传的增设，从不同角度反映东汉的政治、学术、文化和社会风气，也进一步扩大了纪传体史书记述史事的范围。有的类传为后世纪传体史书所效法。

【本经快读】

光武帝纪

（节选自《后汉书》卷一）

【原文】

世祖光武皇帝讳秀，字文叔，南阳蔡阳人，高祖九世之孙也，出自景帝生长沙定王发。发生春陵节侯买，买生郁林太守外，外生巨鹿都尉回，回生南顿令钦，钦生光武。光武年九岁而孤，养于叔父良。身长七尺三寸，美须眉，大口，隆准，日角。性勤于稼穑，而兄伯升好侠养士，常非笑光武事田业，比之高祖兄仲。王莽天凤中，乃之长安，受《尚书》，略通大义。

莽末，天下连岁灾蝗，寇盗锋起。地皇三年，南阳荒饥，诸家宾客多为小盗。光武避吏新野，因卖谷于宛。宛人李通等以图谶说光武云：“刘氏复起，李氏为辅。”光武初不敢当，然独念兄伯升素结轻客，必举大事，且王莽败亡已兆，天下方乱，遂与定谋，于是乃市兵弩。十月，与李通从弟轶等起于宛，时年二十八。

【译文】

世祖光武皇帝名秀，字文叔，南阳郡蔡阳县人，汉高祖第九代孙子，属于汉景帝所生长沙定王刘发的那个支系。刘发生舂陵节侯刘买，刘买生郁林太守刘外，刘外生巨鹿都尉刘回，刘回生南顿令刘钦，刘钦生光武。光武九岁时成了孤儿，由叔父刘良收养。他身高七尺三寸，须眉浓秀，大嘴，高鼻梁，额骨隆起，生性喜欢种植庄稼。而哥哥刘伯升好行侠养士，曾讥笑光武经营农业，把他比作汉高祖的哥哥刘仲。王莽天凤年间，光武来到长安，拜师学习《尚书》，略通大义。

范晔像

王莽末年，天下连年闹蝗灾，盗贼蜂起。地皇三年

（22），南阳发生饥荒，各家的宾客大多去偷盗抢劫。光武为躲避官吏逃到了新野，顺便在宛城出售粮食。宛人李通等人用图谶鼓动光武说："刘氏家族将要复兴，李氏将辅佐他们。"光武起初不敢答应，然而暗自思量哥哥伯升一向结交无业游民，必将发动起义，况且王莽败亡的征兆已经明显，天下动荡不安，于是同李通等人定下大计，从现在开始就购置兵刃弩箭。十月，与李通堂弟李轶等起兵于宛城，当时他刚刚二十八岁。

三国志

◎西晋·陈寿
◎韩明　节译

【读史理由】

研究三国历史最权威的书。

作者陈寿有“良史之才”的美誉，行文简洁干净，叙述生动传神。

【史籍简介】

《三国志》是一部主要记载魏、蜀、吴三国历史的纪传体国别史。它的记事起于东汉灵帝晚期，止于西晋灭吴，详细记载了魏、蜀、吴三国的兴衰史。全书共六十五卷，其中《魏书》三十卷，《蜀书》十五卷，《吴书》二十卷。

【作者简介】

陈寿（233—297），字承祚，巴西郡安汉县（今四川南充）人。他在蜀汉做过官，时任观阁令史。当时，宦官黄皓专权，大臣都曲意附从。陈寿因为不肯屈从黄皓，所以屡遭遣黜。入晋以后，曾任著作郎等职。280年，晋灭东吴，结束了分裂局面。陈寿当时四十八岁，历经艰辛完成了《三国志》。

《三国志》中的《魏书》《吴书》，主要取材于王沈的《魏书》、鱼豢的《魏略》、韦昭的《吴书》等史书。而蜀政权没有设置史官，无专人负责搜集材料，编写蜀史，故《蜀书》的材料是由陈寿采集和编次的，成书的先后顺序依次为蜀、魏、吴。

【读史指南】

与前三史一样，陈寿著《三国志》也是私人修史。《晋书·陈寿传》赞扬陈寿“善叙事，有良史之才”。《三国志》书成之后，受到时人的好评。尚书郎范曾上表说：“陈寿作《三国志》，辞多劝诫，明乎得失，有益风化，虽文艳不若相如，而质直过之，愿垂采录。”这确实道出了《三国志》的特点。史学界把《史记》《汉书》《后汉书》和《三国志》合称“前四史”，视为纪传体史学名著。

《三国志》的史学成就主要表现在以下几方面：

第一，在史书上如何反映三国时期三个政权并存的复杂局面是颇费斟酌的。《三国志》在名义上尊魏为正统，因为晋受禅于魏，故晋的史家为尊重本朝的合法性，就必须以魏为正统。《魏书》中为曹操写了本纪，而《蜀书》和《吴书》则只有传，没有纪。吴、蜀君主即位，都记明魏的年号。陈寿以《魏书》诸纪提挈历史大事，作为全书的总纲，但又分别以魏、蜀、吴三书，如实记录了三国鼎立的局势，三书之间并无统属关系。三书分则是国别史，合则是三国史。这种三国并叙的方法，充分反映了他的“良史之才”。《三国志》的体例，对于后世史书编写有一定影响。

第二，《三国志》用较小的篇幅，清晰地描画了三国兴亡的脉络。不仅将三国时期在政治、经济等各个领域有贡献的人记录了下来，就连国内少数民族以及邻国的历史都有记载。

第三，《三国志》在材料的取舍上也很重视。比如对孙策之死，陈寿舍弃《搜神记》等书上的荒诞传说，在书中只记孙策为许贡的刺客所击杀，这反映了其修史时的严肃态度。

除了这些成就之外，我们也应该注意到，由于《三国志》编撰的历史时期比较特殊，所以难免会有一些遗憾存在。首先，史料不够丰富。陈寿所修的《三国志》在当时属于现代史，在搜集材料和修史方面存在很大困难，尤其是《蜀书》。蜀汉既无史官，也无现成的史书可借鉴，因此《蜀书》中许多重要人物的事迹，记载都十分简略。其次，《三国志》只有纪和传，没有表和志，缺少典章制度方面的内容，及至南朝宋文帝时，著名史学家裴松之著《三国志注》，引书200余种，补益了大量史实，《三国志》记事简略的缺点才得以弥补。再次，《三国志》中对曹魏和司马氏多有溢美之辞，但考虑到陈寿所处乱世，政治关系错综复杂，在写史时无法回避却又很难处理，因此这样写也是可以理解的。

总体来看，在一些重大问题上，陈寿尽量通过委婉、隐晦的表述方法，以还原历史事实，贯彻史家的实录精神，他的“良史之才”还是值得肯定的。

【本经快读】

武帝纪

（节选自《三国志》卷一）

【原文】

太祖武皇帝，沛国谯人也，姓曹，讳操，字孟德，汉相国参之后。桓帝世，曹腾为中常侍大长秋，封费亭侯。养子嵩嗣，官至太尉，莫能审其生出本末。嵩生太祖。

太祖少机警，有权数，而任侠放荡，不治行业，故世人未之奇也；惟梁国桥玄、南阳何异焉。玄谓太祖曰："天下将乱，非命世之才不能济也，能安之者，其在君乎！"年二十，举孝廉为郎，除洛阳北部尉，迁顿丘令，征拜议郎。

光和末，黄巾起。拜骑都尉，讨颍川贼。迁为济南相，国有十余县，长吏多阿附贵戚，赃污狼藉，于是奏免其八；禁断淫祀，奸宄逃窜，郡界肃然。久之，征还为东郡太守；不就，称疾归乡里。

曹操像

【译文】

太祖武皇帝，沛国谯县人，姓曹名操，字孟德，是西汉相国曹参的后代。汉桓帝时，曹腾任中常侍大长秋，被封为费亭侯。曹腾死后，养子曹嵩继承了爵位，官做到太尉，但没有人详知曹嵩出生的前后情况。曹嵩生太祖。

太祖小时候机灵聪明，富有权谋，但好行侠仗义，任性放纵，不注重道德修养和学业，因此当时人们并不觉得他有什么奇特之处，只有梁国人桥玄、南阳人何颙觉得他不平凡。桥玄对太祖说："天下将乱，没有经邦济世的才能是不能扭转局面的，能够安天下的，看来就是您吧！"二十岁的时候，太祖被推荐为孝廉，做郎官，后被任命为洛阳县北部尉，升顿丘县令，被征入朝授职做议郎。

汉灵帝光和末年，黄巾起事。太祖被任为骑都尉，讨伐颍川的贼寇。升为济南国相。济南国辖十几个县，县官大都迎合阿附皇亲贵族，贪赃受贿，声名狼藉，于是太祖上奏罢黜了其中的八个，又禁绝了不合礼制的祭祀活动。犯法的人逃窜他乡，郡国内秩序安定。过了很久，太祖被召回朝廷任命为东郡太守。但他不愿就职，称病回到家乡。

晋书

◎唐·房玄龄等

◎吴树生　节译

【读史理由】

了解晋朝社会的第一手资料。

唐太宗御撰。

许多史料以小说笔法记载，虽有失真，读来却十分有趣。

【史籍简介】

《晋书》的编撰从贞观二十年（646）开始，到贞观二十二年（648）成书，历时不到三年，是记述西晋、东晋历史的纪传体史书。它的叙事从司马懿开始，到刘裕取代东晋为止，记载了西晋和东晋封建王朝的兴亡史，并用“载记”形式，兼叙了割据政权“十六国”的事迹。全书共一百三十卷，包括帝纪十卷，志二十卷，列传七十卷，载记三十卷。

【作者简介】

参加《晋书》编写的前后有二十一人，其中房玄龄、褚遂良、许敬宗三人为监修，其余十八人是令狐德棻、敬播、来济、陆元仕、刘子翼、卢承基、李淳风、李义府、薛元超、上官仪、崔行功、辛丘驭、刘胤之、杨仁卿、李延寿、张文恭、李安期和李怀俨。

房玄龄（579—648），齐州临淄（今属山东）人。与魏征、杜如晦等同为唐太宗的重要助手。任宰相十五年，求贤若渴，量才任用，史称贤相。

褚遂良（596—658），字登善，浙江钱塘（今杭州市）人。唐初书法四巨头之一。博通文史，精于书法，以善书由魏征推荐给太宗，受到赏识，后任谏议大夫。

许敬宗（592—672），字延族，杭州新城人。性轻傲，善属文。著有文集80卷。

【读史指南】

《晋书》是第一部真正成于众手的官修纪传体正史，以体例完备、内容丰富而著称。

《晋书》在帝纪中先列宣、景、文三纪，追述司马懿、司马师、司马昭子孙三代开创晋国基业的过程，使晋史的历史渊源清晰明了，很得史法。列传记载的人物，以时代为序、类别为辅，所立类传或合传眉目清楚，使近八百位历史人物分门别类地展现在读者面前，构成晋代历史活动的图卷。十志则多出于学有所长的专家之手，内容比较精当。

《晋书》增加了"载记"的内容，专写与晋对峙的十六国历史。在《二十四史》中，载记是《晋书》独有的体裁，略同于《史记》中的世家。唐之前的纪传体史书，对于在今天中国境内建立过政权的少数民族的历史，大都归入列传，排在末尾。南北朝时所修史书中，南北政权更是互相贬低，南朝称北方为索虏，北朝称南方为岛夷。而《晋书》则将除前凉、西凉之外的少数民族政权的历史编入"载记"，用高于列传的规格完整记述了各族政权在中原割据兴灭的始末，并给予他们以适当的历史地位，较好地解决了中原皇朝与各族政权并载一史的难题，深得历代史家的赞赏。载记中对十六国政权只称“僭伪”，体现了唐朝统治者华夷一体，天下一家的大一统思想。

唐修《晋书》在记事上有条件地改变以往史书诬罔不实的缺点，很多纪传中揭露了统治阶级骄奢淫逸的本性和残害民众的罪行，具有鉴戒意味。

唐太宗李世民很重视《晋书》，很想通过《晋书》，对晋朝的治乱兴亡进行一番探索。在《修〈晋书〉诏》里，他讲了一句名言：“大矣哉，盖史籍之为用也！”意思是说，史书的作用大得很啊！他还亲自为《晋书》的《宣帝（司马懿）纪》《武帝（司马炎）纪》《陆机传》《王羲之传》分别写了史论。

当然《晋书》中也有一些缺陷存在，比如：在内容方面，涉及宣扬君权神授的神学思想和封建纲常伦理观念；在文笔方面，有片面追求辞藻华丽的倾向。但是，《晋书》的作者多是文学大家，因而《晋书》叙事往往能做到简明扼要，有不少生动、精彩之笔，如《苻坚》两卷绘声绘色，读起来颇有味道。总的来说，《晋书》还是非常值得一看的。

【本经快读】

王羲之列传

（节选自《晋书》卷八十）

【原文】

尝诣门生家，见棐几滑净，因书之，真草相半。后为其父误刮去之，门生惊懊者累日。又尝在蕺山见一老姥，持六角竹扇卖之。羲之书其扇，各为五字。姥初有愠色。因谓姥曰：“但言是王右军书，以求百钱邪。”姥如其言，人竞买之。他日，姥又持扇来，羲之笑而不答。其书为世所重，皆此类也。每自称“我书比钟繇，当抗行；比张芝草，犹当雁行也”。曾与人书云：“张芝临池学书，池水尽黑，使人耽之若是，未必后之也。”羲之书初不胜庾翼、郗愔，及其暮年方妙。尝以章草答庾亮，而翼深叹伏，因与羲之书云：“吾昔有伯英章草十纸，过江颠狈，遂乃亡失，常叹妙迹永绝。忽见足下答家兄书，焕若神明，顿还旧观。”

王羲之像

【译文】

有一次王羲之到他门客家里，看到桌面光滑干净，就在上面写满了字，一半是楷书，一半是草书。后来门客的父亲没注意把字刮掉了，那位门客为此懊丧了好几天。王羲之又曾在蕺山看到一个老妇人，手拿六角竹扇叫卖，王羲之就在她的竹扇上题字，在每把扇子上都写了五个字。老妇人起初是满脸怒气，他对老妇人说："您只说这是王右军的书法，每把扇子可要价一百钱。"老妇人按着他的话去卖，人们竞相购买。又一天，老妇人又拿来扇子求王羲之书写，王羲之笑而不答。他的书法被世人重视，都和这事一样。他经常自称："我的书法同钟繇相比，可以说是并驾齐驱；比起张芝的书法，应该说仅在其次。"他曾给人写信说："张芝在池塘边练字，洗笔把池水都染成了黑色，别人如果能这样入迷，未必赶不上他。"王羲之的书艺，起初不如庾翼、郗愔，到他晚年，书艺才达到精妙的境界。他曾用章草体给庾亮写回信，痪翼看到，深为佩服，因而给王羲之写信说："我过去曾收藏张芝的章草十幅，过江南时颠沛流离，于是遗失了，常为这样精妙的书法绝迹而感叹。忽见您给家兄写的回信，书法美妙入神，好像张芝的书迹又呈现在面前。"

宋书

◎南朝梁·沈约

◎朱晓明 节译

【读史理由】

了解南朝宋历史的重要史书。

一本难得的科学史文献。

研究六朝文学史的珍贵材料。

【史籍简介】

《宋书》是一部记述南朝宋历史的纪传体史书。它的叙事起于刘裕建基，止于刘准亡国，记载了刘宋王朝六十年的史实。全书共一百卷，包括纪十卷，志三十卷，列传六十卷。

【作者简介】

沈约（441—513），字休文，吴兴武康（今浙江德清县西）人。沈约十三岁时，其父沈璞，于皇族争权夺位之乱中被害，由此家境贫寒，但他笃志好学，读书昼夜不倦，遂博闻强识，尤善诗文。卒时，年七十三岁，谥曰“隐”，后世亦称“隐侯”。

【读史指南】

《宋书》的列传多因袭前史，但有所创新，具体表现是：首先，将门阀士族所重视的家传引入正史。《宋书》所记人物多为门阀地主，在主要人物传记之后，往往附有其他传。这是魏晋南北朝时期门阀地主居于统治地位，社会风气崇尚门第、家族史和谱系之学在史学上的反映。其次，增立了一些新传。沈约创《索虏传》以记北魏史事，而魏书则撰《魏书·岛夷传》记南朝史事，这是南北分裂的政治局面在史学上的一种反映。沈约还在类传中增立《孝义传》，标榜所谓“孝行”“孝廉”，这是魏晋统治者鼓吹“以孝治天下”的遗风。

在列传的写法上，《宋书》大量使用带叙法，即将相关人物的简历、事迹，在传主行事的记叙中夹带写出。

此外，《宋书》纪传中，多载诏策奏疏和时人辞赋文章，保存了不少文献材料。如《宋书·谢灵运传论》叙述了自屈原以后文学的发展和演变，以及沈约的评论和他关于诗文用声律的主张，这是研究六朝文学史的珍贵材料。《宋书》的八志是书中精华所在，八志多从三国讲起，有的更追溯到东汉，这是中国史学的一个优良传统。

《宋书》的《礼志》和《乐志》分别占了五卷和四卷，几乎占了整个志篇幅的三分之一，这在以前的“正史”中是不曾有的。这两志反映了东晋南朝门阀士族讲究“礼法”的社会风气。《州郡志》记晋宋间州郡分合、户口消长及侨置州郡县的分布情况，从侧面反映了当时社会的动荡局面，对于考察这一时期的地理沿革，也具有珍贵的价值。《宋书》记事能超出刘宋历史范围，进行通贯古今

南朝宋武帝刘裕像

的历史考察。但书中缺少食货、刑法、艺文三志，则不无遗憾。

《宋书》的思想体系，基本属于正宗儒家系统，书中提出一些改善政治的主张，如广开言路，宽刑缓政。但是总的来说，《宋书》的思想倾向是比较保守的，书中大量宣扬君权神授、天人感应的神学思想。此外，《宋书》对政权鼎革之际史实的记载多有回护，歪曲和掩盖了很多真相，这是其最大缺点。

沈约是当时的大文学家，行文比较优美流畅，因此《宋书》的可读性还是比较强的。

【本经快读】

陶潜列传

（节选自《宋书》卷九十三）

【原文】

陶潜，字渊明，或云渊明，字元亮，寻阳柴桑人也，曾祖侃，晋大司马。潜少有高趣，尝著《五柳先生传》以自况，曰：

"先生不知何许人，不详姓字，宅边有五柳树，因以为号焉。闲静少言，不慕荣利。好读书，不求甚解，每有会意，欣然忘食。性嗜酒，而家贫不能恒得。亲旧知其如此，或置酒招之。造饮辄尽，期在必醉，既醉而退，曾不吝情去留。环堵萧然，不蔽风日，短褐穿结，箪瓢屡空，晏如也。尝著文章自娱，颇示己志，忘怀得失，以此自终。”

其自序如此，时人谓之实录。亲老家贫，起为州祭酒，不堪吏职，少日，自解归。州召主簿，不就。躬耕自资，遂抱羸疾，复为镇军、建威参军。谓亲朋曰：“聊欲弦歌，以为三径之资，可乎？”执事者闻之，以为彭泽令。公田悉令吏种秫稻。妻子固请种粳，乃使二顷五十亩种秫，五十亩种粳。郡遣督邮至，县吏白应束带见之。潜叹曰：“我不能为五斗米折腰向乡里小人。”即日解印绶去职。

【译文】

陶潜，字渊明，一说渊明，字元亮，是寻阳柴桑人。曾祖父陶侃，是晋朝的大司马。陶潜少年时便有高洁的志趣，曾写作《五柳先生传》用来自我比况：

“先生不知是什么地方的人，不清楚姓氏名字，宅旁有五棵柳树，因而用‘五柳’为名号。先生闲静少言，不企慕荣华利禄。喜欢读书，不追求繁冗过甚的

陶潜像

解释，每当对书中的意旨有所领会，便欢喜得忘记吃饭。平生爱酒，但家贫不能经常得到酒。亲朋故旧知道他这种情况，有的备酒招他来。前去喝酒总是尽兴，希望能痛快一醉，醉后便退席，从不留意。家中四壁空空，不能遮蔽风吹日晒，粗布衣服破烂补绽，饭篓水瓢经常是空的，而先生却安然自若。曾写文章自寻乐趣，很能表示自己的志趣，忘却名利得失，愿意这样度过一生。”

他的自述就是这样，当时人说这是真实的记录。母亲年老家境贫困，他开始做州里的祭酒，因受不了吏职的约束，不多日子，便自动辞官归家。州里召为主簿，不去就职。他亲自耕田种地维持生活，因此陷入贫病交加的境地，又出去做镇军、建威参军，对亲戚朋友说：“想要谋求一个小小的县官，为归隐三径小园准备些资用，可以吗？”管事的人听说之后，起用他做彭泽县令。他让县吏在公田上全种酿酒的秫稻，他妻子坚持要求种粳稻，于是用二顷五十亩地种秫稻，五十亩种粳稻。郡里派督邮到县里来，县吏告诉陶潜应该穿礼服拜见督邮，陶潜叹息道：“我不能为五斗米向乡里小人折腰。”当天他便解下县令印绶离开了职位。

南齐书

◎南朝梁·萧子显

◎魏延朝　节译

【读史理由】

了解南朝齐历史的第一手资料。

为研究当时的社会制度、行政区划以及古代的历史地理情况提供了翔实的材料。

【史籍简介】

《南齐书》是记述南朝齐历史的纪传体史书。它的叙事起于齐高帝萧道成立国，终于齐和帝萧宝融被废，记载了萧齐王朝二十三年的史事，是现存关于南齐最早的纪传体断代史。全书原为六十卷，《自序》一卷早已亡佚，今存五十九卷，有本纪八卷、志十一卷、列传四十卷。原名《齐书》，至宋代为区别于李百药所著《北齐书》，改称为《南齐书》。

【作者简介】

萧子显（489—537），字景阳，南朝著名的历史学家、文学家。他出身皇族，是齐高帝萧道成的孙子。齐亡时十三岁。他因好学多才而得到梁武帝的器重，历任记室参军、国子祭酒、吏部尚书等职。曾采各家《后汉书》，考证同异，成《后汉书》百卷，今佚。又据齐所修国史，参酌众书，撰成《齐书》六十卷，今称《南齐书》。

【读史指南】

南朝萧齐皇朝在历史上只存在二十三年，是中国历史上年代很短的一个封建王朝。萧子显以皇朝宗室的身份来撰写皇朝的历史，这在《二十四史》中是独一无二的。

《南齐书》的史料比较真实可靠。书中的许多史事都是萧子显亲见亲闻，他撰史又得到政府许可，所以他的文字材料完整而又具权威性。

列传四十卷中，不少是记少数民族地区史事的，而以《魏虏传》记北魏史事，在性质上同《宋书·索虏传》一样。该传虽以丑名相呼，记载有失实之处，但其中包含北人所撰北朝史书中所没有的材料。

《南齐书》的列传在写法上取法司马迁，“于序事中寓论断”（顾炎武语），显示了萧子显在历史表述上的才华。萧子显不直接发表议论，而是通过前后史事的对比来揭示人物的品格。清代史学家赵翼评价说：“此数传皆同一用意，不著一议，而其人品自见，亦良史也。”

《南齐书》中的一些文化史记载颇有价值。萧子显为祖冲之立传，记录他创造指南车、千里船、水碓磨的过程和机械特点。又在传中全文引用祖冲之的《上大明历表》，为科技史研究留下了珍贵资料。

《南齐书》在写作上受到沈约《宋书》很大影响，也撰就了八篇志。八志之中，《州郡志》与《百官志》内容较为充实。而其中的《祥瑞志》《天文志》《五行志》多记载一些祥瑞符命、阴阳灾异学说，是书中的芜累。

《南齐书》也存在歪曲史实之处。如他在为其祖父写的《高帝本纪》和为父亲萧嶷写的《豫章文献王传》中，都极力进行褒美虚夸。他写宋、齐之际的历史，对萧道成的篡夺一事闪烁其词，微露痕迹；他写齐、梁之际的历史，则用很多篇幅揭露齐主恶迹，以衬托萧衍代齐的合理。这是他作为齐之子孙、梁之臣子的"苦心"，也反映出他在史学上的局限性。

同时，《南齐书》同《宋书》一样，也宣扬神秘的思想、佛法的深远，但书中对佛教传入中国及与中国传统思想融合的过程做了介绍，有利于研究传统文化和外来文化的融合与发展。

【本经快读】

谢朓列传

（节选自《南齐书》卷四十七）

【原文】

谢朓，字玄晖，陈郡阳夏人也。祖述，吴兴太守。父纬，散骑侍郎。朓少好学，有美名，文章清丽。解褐豫章王太尉行参军，历随王东中郎府，转王俭卫军东阁祭酒，太子舍人、随王镇西功曹，转文学。

子隆在荆州，好辞赋，数集僚友，朓以文才，尤被赏爱，流连晤对，不舍日夕。长史王秀之以朓年少相动，密以启闻。世祖敕曰："侍读虞云自宜恒应侍接。朓可还都。"朓道中为诗寄西府曰："常恐鹰隼击，秋菊委严霜。寄言罻罗者，寥廓已高翔。"迁新安王中军记室。

【译文】

谢朓，字玄晖，陈郡阳夏人。祖父谢述曾任吴兴太守。父亲谢纬曾任散骑侍郎。谢朓少年时代就十分好学，享有美名，文章写得清雅流丽。初入仕时，任豫章王太尉行参军，后入随王东中郎府，又转为王俭卫军东阁祭酒、太子舍人以及随王镇西功曹，再转为太子文学。

随王萧子隆镇守荆州，爱好辞赋，多次与幕僚文友聚会，谢朓凭着出色的文学才华，特别受到随王的赏识、宠爱，对面唱和，流连忘返，从早到晚，吟哦不停。长史王

宣城谢朓楼

秀之借口谢朓年轻，与人合谋相率行动，秘密奏知皇帝。齐世祖下诏命说：“侍读虞云自可以经常应付侍奉，谢朓可以返回京都。”谢朓在途中写诗寄赠西府同僚，诗中说：“时常担心鹰隼来袭击，秋菊在严霜中萎谢。寄语给设置罗网的人，我已经向着空旷的天空高高地飞翔。”他改任新安王中军记室。

【原文】

寻以本官兼尚书殿中郎。隆昌初，敕朓接北使，朓自以口讷，启让不当，见许。高宗辅政，以朓为骠骑谘议，领记室，掌霸府文笔。又掌中书诏诰，除秘书丞，未拜，仍转中书郎。出为宣城太守，以选复为中书郎。

【译文】

不久，以中军记室兼任尚书殿中郎，郁林王隆昌初年（494），命令谢朓接待北朝来使，谢朓以口齿不伶俐为由，想避开不承担，但未获许可。高宗辅政期间，任命谢朓为骠骑谘议，统领记室令史，掌管诸侯王府邸的章表文书，又掌管中书省中的帝王命令、任命或赠封的文书，授予秘书丞，但没有拜受，仍传为中书郎。后出任宣城（今属安徽）太守，又因选拔而任中书郎。

梁书

◎唐·姚思廉
◎王景升　节译

【读史理由】

全面了解南朝梁历史的重要史书。

真实地再现了短命小王朝梁的风云变幻。

【史籍简介】

《梁书》是记述南朝梁历史的纪传体史书。它的叙事起于梁武帝萧衍建国，终于梁敬帝萧方智亡国，记载了萧梁王朝五十六年间的历史。全书有本纪六卷，列传五十卷，合五十六卷。

【作者简介】

姚思廉（557—637），字简之，一说原名简，字思廉，吴兴（今浙江湖州）人。唐朝初期史学家。他自幼习史，曾任隋朝王侑侍读。唐李渊称帝后，为李世民秦王府文学馆学士。自玄武门之变，进任太子洗马。贞观初年，又任著作郎，“十八学士”之一。官至散骑常侍，受命与魏征同修梁陈二史。贞观十年（636），成《梁书》（50卷）、《陈书》（30卷）。著有《文思博要》，今已佚失。

【读史指南】

《梁书》值得称道的地方，有以下三点：

一、《梁书》的史料丰富而完备。梁朝五十六年的历史中，梁武帝统治了四十多年，《梁书》六卷帝纪中以三卷记梁武帝，这对全面记述梁朝史实是很重要的。《梁书》的列传则达五十卷之多，书中对于各类历史人物的活动叙述详细。书中一些学者的传记，更有特殊的价值。《梁书》也为文学批评家钟嵘和刘勰立传，介绍了《诗品》和《文心雕龙》这两部对文学史产生了重大影响的著作。《梁书》还比较详细地记载了“海南诸国”的情况，这点超出了以前的史书，同时书中也对当时的门阀制度、崇尚佛教等社会特点做了记载。

二、谋篇布局颇有章法，文字简洁洗练。《梁书》承《汉书》类叙之法，撰作列传，能以此法省去烦冗，又不遗漏人物事实。《四库全书总目提要》说它：“排整次第，犹具汉、晋以来相传之史法，要异乎取成众手、编次失伦者矣。”评价是很恰当的。《梁书》的行文，颇具简洁洗练的特色，一反六朝以来争尚骈俪对偶的颓靡文风，给人以清新健康的感觉。用清代史学家赵翼的话说就是：“直欲远追班马……皆劲气锐笔，曲折明畅，一洗六朝芜冗之习。”

三、重人事与人谋的思想。《梁书》在对政权兴起的解释上，将着眼点放在人事与人谋

梁武帝萧衍像

上。比如对萧衍建立梁政权和梁朝早期的政绩，书中做了充分肯定："高祖英武睿哲，义起樊邓，仗旗建号。"书中也注重称道文臣武将个人的才华。这种英雄史观同神意史观相比还是有进步意义的。

《梁书》的缺点主要表现是：首先，以曲笔而论，《梁书》对梁元帝的猜忌、凶残，徐妃的淫秽等，都加以回护。其次，书中有部分文章宣扬一些消极思想，如阴阳灾异、因果报应等。

但从总体上来看，《梁书》对南朝梁历史的记载丰富完备，史学上具有很高的历史参考价值，加上文风质朴，读来令人倍觉清新。

【本经快读】

萧子显列传

（节选自《梁书》卷三十五）

【原文】

子显字景阳，子恪第八弟也。幼聪慧，文献王异之，爱过诸子。七岁，封宁都县侯。永元末，以王子例拜给事中。天监初，降爵为子。累迁安西外兵，仁威记室参军，司徒主簿，太尉录事。

子显伟容貌，身长八尺。好学，工属文。尝著《鸿序赋》，尚书令沈约见而称曰："可谓得明道之高致，盖

《幽通》之流也。”又采众家《后汉》，考正同异，为一家之书。又启撰《齐史》，书成，表奏之，诏付秘阁。累迁太子中舍人，建康令，邵陵王友，丹阳尹丞，中书郎，守宗正卿。出为临川内史，还除黄门郎。中大通二年，迁长兼侍中。高祖雅爱子显才，又嘉其容止吐纳，每御筵侍坐，偏顾访焉。尝从容谓子显曰：“我造《通史》，此书若成，众史可废。”子显对曰：“仲尼赞《易》道，黜《八索》，述职方，除《九丘》，圣制符同，复在兹日。”时以为名对。

【译文】

萧子显，字景阳，是萧子恪的八弟。自幼聪明敏慧，父亲文献王萧嶷认为他才华出众，爱他胜过爱别的儿子。七岁时，受封做宁都县侯。南齐永元末年，按照王子的条例授官给事中。梁武帝天监元年（502），爵位降为子爵。以后接连升迁为安西外兵、仁威记室参军、司徒主簿、太尉录事等官。

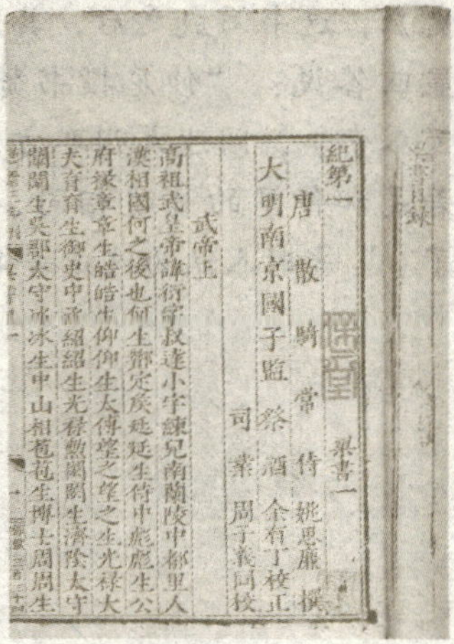
紀第一 梁書一
唐 散騎常侍 姚思廉 撰
大明南京國子監祭酒 余有丁 校正
司業 周子義 同校
武帝上
高祖武皇帝諱衍字叔達小字練兒南蘭陵中都里人
漢相國何之後也何生酇定侯延延生侍中彪彪生公
府掾章章生皓皓生仰仰生太傅望之望之生光祿大
夫育育生御史中丞紹紹生光祿勳閎閎生濟陰太守
闡闡生吳郡太守冰冰生中山相苞苞生博士周周生

明万历三年（1575）北京国子监刻本《梁书》书影

萧子显体态容貌壮美，身高八尺。好学习，善于做文章。曾经写过《鸿序赋》，尚书令沈约看到后便称赞说：“这篇赋可以说在阐明大道方面达到了极高的水平，同班固的《幽通赋》是一脉相承的。”萧子显又采集各家关于东汉史的著作，考辨订正同异，著为一家之书。又奏请撰写《齐史》，书成之后，奉表献上，皇帝诏命把书收藏在宫里的藏书阁中。以后接连调做太子中舍人、建康县令、邵陵王友、丹阳尹丞、中书郎、守宗正卿。出任临川内史，又召回做黄门郎。梁武帝中大通二年（530），调迁为长兼侍中。梁武帝一向喜爱萧子显的才华，又赞赏他举止和谈吐，每当在御宴上陪席的时候，多次受到看顾和询问。梁武帝曾经从容地对萧子显说：“我想写作《通史》，这书写成之后，其他的史书都可以废弃了。”萧子显回答说：“仲尼撰书赞扬《易经》的思想，便废除了《八索》，阐述九州职方，便闲置了《九丘》，圣上的撰著是和仲尼的著述相同，伟大的著作又将要在今天出现了。”当时人认为这是著名的对答。

陈书

◎唐 · 姚思廉

◎杜昌盛　节译

【读史理由】

了解南朝陈历史最主要、最基本的材料。

真实地再现了短命小王朝陈的风云变幻。

【史籍简介】

《陈书》是记述南朝陈历史的纪传体史书。它的叙事起于陈武帝陈霸先即位，终于陈后主陈叔宝被隋文帝灭国，记载了短命王朝陈首尾三十三年间的史事。《陈书》有本纪六卷，列传三十卷，共三十六卷，无表志。

【作者简介】

同《梁书》。

【读史指南】

陈朝一代之史虽然短暂，却留给后人很多教益。现在人们研究陈朝的历史，《陈书》是最基本的材料，这是它的根本价值之所在。

《陈书》记述了陈朝创建之初恭俭爱民的成功经验，交代了陈末代统治者忘患纵欲造成国破家亡的历史教训。通过比较"度量恢廓，知人善任"的陈武帝和"躭荒为长夜之饮"的陈后主，总结了"其始之所以兴""其终之所以亡"的历史教训。大量陈朝历史人物事迹在书中得到反映。如《江总传》记江总位当权宰，不持政务，只是天天同一些人陪着陈后主在后庭游宴，时人把他们称为"狎客"。这为后人了解陈朝末年的政治腐败提供了生动的材料。

《陈书》与当时问世的其他史书一样，撰写中看重士族门第、履历身世和家族兴亡。书中侧重记录皇族事迹，全书总共三十六卷，而本纪和皇后、王子、宗室的列传就占去十一卷。把一代史书写成了陈氏家谱，这点让人稍觉遗憾。

《陈书》为统治者避讳的地方也很多，但这是从南北朝到唐初的史书撰写中的通病，《陈书》远非最甚者。

在内容和文字上，《陈书》虽然略逊于《梁书》，一是反映了姚氏父子在史学功力上的差距，也多少看出陈朝时期各方面状况的江河日下。但是在编次上，《陈书》却超过了《梁书》，显得更加严谨、合理。

总之，想要对南朝陈的历史有所了解和研究，《陈书》是不可或缺的参考资料。

【本经快读】

周文育列传

（节选自《陈书》卷八）

【原文】

周文育，字景德，义兴阳羡人也。少孤贫，本居新安寿昌县，姓项氏，名猛奴。年十一，能反覆游水中数里，跳高五六尺，与群儿聚戏，众莫能及。义兴人周荟为寿昌浦口戍主，见而奇之，因召与语。文育对曰：“母老家贫，兄姊并长大，困于赋役。”荟哀之，乃随文育至家，就其母请文育养为己子，母遂与之。及荟秩满，与文育还都，见于太子詹事周舍，请制名字，舍因为立名文育，字景德。命兄子弘让教之书计。弘让善隶书，写蔡邕《劝学》及古诗以遗文育，文育不之省也，谓弘让曰：“谁能学此，取富贵但有大槊耳。”弘让壮之，教之骑射，文育大悦。

司州刺史陈庆之与荟同郡，素相善，启荟为前军军主。庆之使荟将五百人往新蔡悬瓠，慰劳白水蛮，蛮谋执荟以入魏，事觉，荟与文育拒之。时贼徒甚盛，一日之中战数十合，文育前锋陷阵，勇冠军中。荟于阵战死，文育驰取其尸，贼不敢逼。及夕，各引去。文育身被九创，创愈，辞请还葬，庆之壮其节，厚加瀔遗而遣之。葬讫，会庐安兴为南江督护，启文育同行。累征俚獠，所在有功，除南海令。安兴死后，文育与杜僧明攻广州，为高祖所败，高祖赦之，语在僧明传。

【译文】

周文育字景德，是义兴阳羡人。少年时父死家贫，原先家住在新安寿昌县，本姓项，名叫猛奴。十一岁时，能够在河内上下游几里，能跳五六尺高，和很多孩子在一起游戏，大家没有能赶上他的。义兴人周荟做寿昌浦口戍主，见到周文育认为他很出众，便召来同他交谈。周文育说：“母亲年老家境贫寒，哥哥姐姐都长大了，赋役负担使我们生活困苦。”周荟很同情他，便随周文育到家里，向他母亲索养周文育做自己的儿子，母亲便把他给了周荟。当周荟做官的任期满了，便带领周文育回到京城，带他去见太子詹事周舍，让周舍给他起个名字，周舍便给他起名叫文育，字景德。周荟让哥哥的儿子周弘让教周文育写字和算术。周弘让善于隶书，抄写蔡邕的《劝学》和古诗送给周文育，周文育不认识也不理解这些诗文，对弘让说：“谁学这些东西！要得到功名富贵只要有长矛就行了。”周弘让认为周文育有雄心壮志，便教他骑马射箭，周文育学起来很高兴。

司州刺史陈庆之和周荟是同郡人，关系很好，他起用周荟做前军军主。一次，陈庆之派周荟带领五百人到新蔡悬瓠慰劳白水蛮人，蛮人密谋活捉周荟，然后把他送给东魏，事情发觉后，周荟和周文育奋兵抵抗。当时贼兵阵营很强大，一天之中战斗几十回合，周文育在前锋冲陷敌阵，在军中最为勇敢。周荟在阵前战死，周文育驰马夺回周荟尸体，贼兵不敢逼近。到夜里，双方各自退兵。周文育身上九处受伤，伤好后，请求回乡送葬，陈庆之赞赏周文育的节义，赠给很多丧葬费用送他回乡。殡葬完了，恰好赶上卢安兴调南江督护，他起用周文育和他同行。周文育多次征讨俚獠，所到之处都立有战功，授官南海县令。卢安兴死后，周文育和杜僧明攻打广州，被高祖陈霸先击败，陈霸先释放了他们，详情记载在《杜僧明传》里。

【原文】

后监州王劢以文育为长流，深被委任。劢被代，文育欲与劢俱下，至大庾岭，诣卜者，卜者曰："君北下不过作令长，南入则为公侯。"文育曰："足钱便可，谁望公侯。"卜人又曰："君须臾当暴得银至二千两，若不见信，以此为验。"其夕，宿逆旅，有贾人求与文育博，文育胜之，得银二千两。

【译文】

以后监州王劢用周文育做长流参军，深受重用。王劢的职务被别人替代后，周文育想要和王劢一同离职北下，走到大庾岭，去找卜人占卦，卜人说："你如果北下，只能当个县长，南去便能称公封侯。"周文育说："有足够的钱财就可以了，谁还想当公侯。"卜人说："你很快就能意外地得到两千两银子，假如你不信，就拿我的话去验证。"当晚，住在客店，有个商人要和周文育赌钱，周文育赢了，得到两千两银子。

魏书

◎北　齐·魏收

◎李云山　节译

【读史理由】

了解鲜卑族早期历史，以及北魏和东魏历史的最重要的史书。

展现了拓跋珪、孝文帝等风云人物的真实面貌。

中国佛教的简史。

【史籍简介】

《魏书》是记载北朝、北魏及东魏历史的纪传体史书。它的叙述起于北魏道武帝登国元年（386），终于东魏孝静帝武定八年（550），记载了北魏和东魏两个政权共一百五十四余年的历史。全书共一百三十卷，八十余万字，有十二本纪十四卷，列传九十六卷，十志二十卷。《魏书》在流传过程中亡佚甚多，本纪缺二卷，列传缺二十二卷，这二十二卷中又有三卷残缺不全，分别由后人取其他史书补足。

【作者简介】

魏收（507—572），字伯起，巨鹿下曲阳（今河北晋县西）人。出身于仕宦之家。在魏、齐两朝先后任过著作郎、秘书监、尚书右仆射等官职，在当时众学者中最有名气。因机警善文，与温子升、邢子才并称“北地三才子”，只是生性较为轻薄，人称“惊蛱蝶”。他奉命著《魏书》，书成之后，众口喧嚷，指为“秽史”，魏收三易其稿，方成定本。

【读史指南】

《魏书》是《二十四史》中名声最差的，一度被视为“秽史”。然而，隋唐时期，重撰魏史者甚多，但今日只有《魏书》独存，说明它是经得起历史的考验的。唐初史家李延寿称赞它“追踪班、马，婉而有则，繁而不芜，持论序言，钩沉致远”。今天，《魏书》作为介绍北魏历史的最重要著作，它的地位是无可替代的。

首先，《魏书》是我国历代“正史”中第一部专记少数民族政权史事的著作。书中记述了鲜卑拓跋部在汉文明影响下逐步改变社会制度的情况，对于冯太后和孝文帝的各项封建化改革记述得尤其详尽。研读《魏书》，对于认识我国历史是由多民族共同缔造的这一客观事实，大有裨益。

其次，《魏书》对于北魏历史的记述范围比较广泛。举凡政治、经济、文化、军事、社会生活各个领域的情况，书中都有较详尽的交代。

第三，《魏书》列传的家传色彩比《宋书》更突出，反映出鲜明的时代特色。尤其是《魏书》的志，更值得注意。书中新增《官氏志》《释老志》两篇。

马头鹿角金冠饰（北魏）

魏书自述这两篇志的内容是“魏代之急”“当今之重”。《官氏志》记录北魏官制，兼及拓跋部所属各部原有姓氏与所改的汉姓，是反映北魏统治封建化、门阀化的重要文献。《释老志》是《魏书》首创，记佛、道二教，以记佛教为主。它叙述了佛教在中原地区的传播及其变革，可看作是一部中国佛教简史。

第四，《魏书》中还增加了以前不少正史中所缺少的刑法、食货等重要内容，为研究北魏政权的司法制度和土地制度提供了可贵的材料。

最后，《魏书》具有独特的表现力。书中引文与叙事相互配合，相得益彰。书中还详记了一些君臣对话和外交辞令，生动、得体地再现了当时的历史实况。

历史上有不少人批评《魏书》，认为《魏书》的主要缺陷有两点：一是歪曲史实，讨好当时权贵；二是宣传了佛、道等宗教迷信思想。

但正所谓瑕不掩瑜，相较于这些缺点，《魏书》的价值更值得我们关注。

【本经快读】

崔浩列传

（节选自《魏书》卷三十五）

【原文】

崔浩，字伯渊，清河人也。白马公玄伯之长子。少好文学，博览经史。玄象阴阳，百家之言，无不关综，研精义理，时人莫及。弱冠为直郎。天兴中，给事秘书，转著作郎。太祖以其工书，常置左右。太祖季年，威严颇峻，宫省左右多以微过得罪，莫不逃隐，避目下之变。浩独恭勤不怠，或终日不归。太祖知之，辄命赐以御粥。其砥直任时，不为穷通改节，皆此类也。

太宗初，拜博士祭酒，赐爵武城子，常授太宗经书。每至郊祠，父子并乘轩轺，时人荣之。太宗好阴阳术数，闻浩说《易》及《洪范》五行，善之，因命浩筮吉凶，参观天文，考定疑惑。浩综核天人之际，举其纲纪，诸所处决，多有应验。恒与军国大谋，甚为宠密。是时，有兔在后宫，验问门官，无从得入。太宗怪之，命浩推其咎征。浩以为当有邻国贡嫔嫱者，善应也。明年，姚兴果献女。

【译文】

崔浩，字伯渊，清河郡人，白马公崔玄伯的长子。他自小喜爱文学，博览儒家经典和史学著作，天象阴阳及诸子百家的学说，都能融会贯通，探究精神实质，同时代的人没有谁能赶得上他。他二十岁的时候担任直郎，天兴中期时，在秘书省供职，转任著作郎。太祖因为他能写一手好字，经常把他留在身边。晚年的太祖对臣下极其严厉，宫省近臣大都因小过失获罪，大家都逃避躲藏，以免遭到眼前的不测之祸。只有崔浩恭谨勤勉，毫不懈怠，有时整天都不回家。太祖知道这个情况后，常让人把自己吃的粥赏赐给他。崔浩就是这样砥砺自己，任何时候都正直行事，不因为贫困和显达而改变自己的操守。

太宗即位初期，任命崔浩为博士祭酒，授爵为武城子，崔浩经常向太宗讲授儒家经书。每当举行郊祀的时候，他与父亲都随车从驾，当时的人都为他们感到光荣。太宗喜欢阴阳占卜，听说崔浩讲述《周易》及《尚书·洪范》的五行学说，认为很好，便让崔浩占卜吉凶，并参看天象变化，以分析解决疑难问题。崔浩对天象人事进行综合考察，找出其间的重要关系，他做出的判断，大部分是灵验的。他一直参与制定军国大计，深得太宗宠信和亲近。这时，有只兔子出现在后宫，查问守宫门的官吏，也弄不清是从哪儿进来的。太宗对此感到奇怪，就命崔浩判断是不是灾难的征兆。崔浩认为这将是邻国贡献女子为嫔妃，是个好兆应。第二年，姚兴果真献女于魏。

北齐书

◎唐·李百药

◎崔建新　节译

【读史理由】

了解北齐历史的重要资料。

研究东魏、北齐时期有关农民起义的重要史料。

生动地叙述了北齐统治者之间的权势争夺。

【史籍简介】

《北齐书》，本名《齐书》，宋时才加一“北”字而成今名。它虽以记载北齐历史为主，但实际上记述了从高欢起兵到北齐灭亡前后约八十年的历史，集中反映了东魏、北齐王朝的盛衰兴亡。全书共五十卷，其中本纪八卷，列传四十二卷。

【作者简介】

李百药（565—648），字重规，博陵安平（今河北定县）人。唐初史学家。出身仕宦家庭。其父李德林隋时任内史令，曾编撰《齐史》。李百药隋时任太子舍人、建安郡丞等职。隋末农民大起义时，于李子通、杜伏威营中辗转。唐时，曾任中书舍人、散骑常侍等职。后授命修订五礼、律令。贞观三年（629）又奉诏撰修《齐书》。他根据父亲的旧稿，又借鉴其他各种文献，于贞观十年（636）方修成《齐书》五十卷，现称为《北齐书》。

【读史指南】

《北齐书》贯彻了以史为鉴的宗旨，集中揭露了以高洋为代表的北齐统治者的淫逸残暴，总结了北齐灭亡的教训。它对当时封建统治者的丑事记载较多。这是由于隋唐两朝继承北周，北齐是一个战败被灭的割据政权，被认为是"僭伪"，隋唐编写北齐史就相对地较少忌讳，同时也借此证明周灭齐是所谓"有道伐无道"。

《北齐书》关于当时阶级斗争情况的记载，虽稍简略，却是研究东魏、北齐时期有关农民起义的重要史料。这些史料在《北史》中多被删除，更可见其价值的珍贵。

《北齐书》在体例上也有可取之处。北齐朝建立于文宣帝高洋，但他的开国事业是由高欢和高澄奠定的。因此《北齐书》在本纪中首列《神武本纪》和《文襄本纪》，追叙北齐建国前的史事，这种写法最早出现在《三国志》中，是很得史法的。

《北齐书》还具有叙事简要的特点。李百药修史态度认真，下笔不苟，对于琐言碎语及一些荒诞不经的史实，做了大量删削，这是本书的一大优点。

《北齐书》中关于思想文化方面的记载也很丰富。在科学技术方面，书中记载了发明家信都芳和灌钢技术发明者綦母怀文的事迹。而在学术思想方

敷彩石佛像（北齐）

面，则记载了佛、道二教在当时的流传情况，反映了当时人们的一些看法。在《杜弼传》中，记录了邢邵反对佛教唯心主义的论辩。邢邵继承范缜的唯物主义思想，对佛教生死轮回、灵魂不死等教义进行了批判。在中国哲学史上占有一定地位。

《北齐书》维护封建正统思想，对于北齐政权的建立，做了一些神异的描写，以此为封建政权张目，这是本书的局限性所在。

【本经快读】

斛律光列传

（节选自《北齐书》卷十七）

【原文】

光，字明月，少工骑射，以武艺知名。魏末，从金西征，周文帝长史莫孝晖时在行间，光驰马射中之，因擒于阵，光时年十七。高祖嘉之，即擢为都督。世宗为世子，引为亲信都督，稍迁征虏将军，累加卫将军。武定五年，封永乐县子。尝从世宗于洹桥校猎，见一大鸟，云表飞，光引弓射之，正中其颈。此鸟形如车轮，旋转而下，至地，乃大雕也。世宗取而观之，深壮异焉。丞相属邢子高见而叹曰："此射雕手也。"当时传号落雕都督。寻兼左卫将军，进爵为伯。

齐受禅，加开府仪同三司，别封西安县子。天保三年，从征出塞，光先驱破敌，多斩首虏，并获杂畜。还，除晋州刺史。东有周天柱、新安、牛头三戍，招引亡叛，屡为寇窃。七年，光率步骑五千袭破之，又大破周仪同王敬俊等，获口五百余人，杂畜千余头而还。九年，又率众取周绛川、白马、浍交、翼城等四戍。除朔州刺史。十年，除特进、开府仪同三司。

【译文】

斛律光，字明月，小时候便擅长骑马射箭，因武艺高强而闻名。北魏末年，随父亲斛律金进攻关中，周文帝宇文泰的长史莫者晖当时参加了战斗，斛律光飞马射中莫者晖，在战场上将他擒获，这时斛律光才十七岁。齐高祖神武帝高欢称赞他，当即提升他为都督。世宗文襄帝被封为世子时，任用他为亲信都督，逐渐升为征虏将军，多次加官至卫将军。东魏孝静帝武定五年（547），封他为永乐县子。斛律光有一次跟随世宗到洹桥围猎，看见一只大

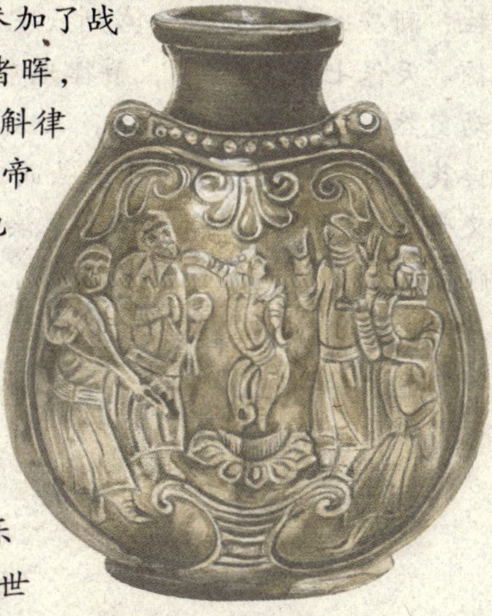

黄釉舞乐纹扁壶（北齐）

鸟在云端翱翔，斛律光弯弓发箭，正中这只鸟的颈项。这鸟就像车轮一样，旋转着滚落下来，落到地上后才发现是只大雕。世宗拿过雕来观看，深感斛律光勇猛非凡。丞相属邢子高见后感叹道：“这就是射雕的名家啊！”当时这话传开，大家称斛律光为“落雕都督”。不久兼任左卫将军，进封为永乐县伯。

北齐文宣帝高洋取代东魏孝静帝元善见即皇帝位后，加封斛律光为开府仪同三司，另封西安县子。天保三年（552），斛律光随文宣帝进攻突厥，率军作前锋打败敌人，杀死、俘虏许多敌军，并夺得各种牲畜。退军回来后，朝廷任命他为晋州刺史。晋州东边有北周设置的天柱、新安、牛头等三个戍所，它们招亡纳叛，多次侵犯抢掠。天保七年（556），斛律光率领步兵和骑兵共五千人发动突然袭击，把它们攻下，又大败北周仪同王敬俊等人，俘获五百多人及牲畜一千多头而回。天保九年（558），他又带军攻下北周绛川、白马、浍交、翼城等四个戍所。改任朔州刺史。天保十年（559），被任命为特进、开府仪同三司。

周书

◎唐·令狐德棻等
◎陈志强　节译

周书 > 唐 > 令狐德棻等

【读史理由】

了解西魏、北周历史最基本、最原始的资料。

真实地再现了宇文政权上层集团内部斗争的情况。

【史籍简介】

《周书》虽以“周”题名，但它的叙事实际上起于公元534年东、西魏分裂，止于杨坚代周，记载了西魏和北周四十八年的历史。全书共五十卷，其中本纪八卷，列传四十二卷。

【作者简介】

令狐德棻（583—666），字季馨，宜州华原（今陕西耀县）人。自幼才华出众，博涉文史，早年就有文名，著有《大唐仪礼》《贞观实录》等数十种史书，著有文集三十卷。

贞观三年（629），令狐德棻、岑文本、崔仁师受唐太宗命负责撰写北周史，其中令狐德棻还负责对五代史做总的协调工作。《周书》修撰工作基本上是令狐德棻一人完成的，而岑文本只是写了全书的史论部分，崔仁师也只是协助令狐德棻的工作而已。贞观十年（636），《周书》与五代其他各史全部完成。令狐德棻由于修史有功，得到了400匹绢的赏赐。

【读史指南】

《周书》具有开阔的历史视野，虽然只是记述西魏、北周皇朝史事的史书，但它兼顾了同时代的东魏、北齐、梁、陈等四朝的重大史事。从宇文泰控制西魏到建立北周之时，在四十八年时间里，这六个政权先后或同时存在，史事错综复杂，头绪纷繁。但《周书》却能很好地处理这些关系，把几国的大事都交代清楚，在一定程度上反映了当时全国历史发展的大势。清人赵翼对此赞叹道："后周时区宇瓜分，列国鼎沸，北则有东魏、高齐，南则有梁、陈，迁革废兴，岁更月异，《周书》本纪一一书之，使阅者一览了然。……此书法之最得者也。"（《陔余丛考》）

《周书》《魏书》《北齐书》在民族史和民族关系史上的价值值得重视。北魏、东魏、西魏、北周都是鲜卑族建立的政权，而北齐则是鲜卑化的汉人建立的政权。这三部史书比较集中地记述了这五个王朝的兴衰史。如果把这三部书中所记述的内容，与《后汉书》《三国志》里所记鲜卑族历史加以比较的话，就会看到鲜卑族在历史中前进的步伐。这是中华民族不断发展壮大过程的一个缩影。

《周书》史料丰富，收录了很多当时的重要文献。《周书》同当时修成的其他各史一样，对记述文人有特殊的兴趣。它不但详记了王褒、庾信等文学家的事迹，所记史学家的事迹也比较详细。

《周书》的文笔简洁爽劲，为后人所赞许。赵翼说它"叙事繁简得宜，文笔亦极简劲"。如《王罴传》《韦孝宽传》都写得简洁有力，人物形象跃然纸上，读来令人感奋。宋人叶适赞这两篇传道：“学者能详看，所长气力不少。”《王褒传》记其《寄周宏让书》，《庾信传》记其《哀江南赋》，都是文学史上的杰作。

《周书》的历史局限性表现在作者根深蒂固的门阀观念，这是令人稍觉遗憾的地方。

【本经快读】

苏绰列传

（节选自《周书》卷二十三）

【原文】

苏绰字令绰，武功人，魏侍中则之九世孙也。累世二千石。父协，武功郡守。

绰少好学，博览群书，尤善筭术。从兄让为汾州刺史，太祖饯于东都门外。临别，谓让曰：“卿家子弟之中，谁可任用者？”让因荐绰。

【译文】

苏绰，字令绰，武功人，三国魏侍中苏则的第九世孙。他家世代都有人做二千石的官，父亲苏协，曾任武功郡太守。

苏绰小时候喜欢学习，博览群书，特别擅长算术。他的堂兄苏让出任汾州刺史，周太祖宇文泰在都城东门外设宴欢送。苏让将辞别，宇文泰问他说："你家子弟当中，有谁可以出来做官吗？"于是苏让把苏绰推荐给他。

韦孝宽列传

（节选自《周书》卷三十一）

【原文】

韦叔裕字孝宽，京兆杜陵人也，少以字行。世为三辅着姓。祖直善，魏冯翊、扶风二郡守。父旭，武威郡守。建义初，为大行台右丞，加辅国将军、雍州大中正。永安二年，拜右将军、南豳州刺史。时氐贼数为抄窃，旭随机招抚，并即归附。寻卒官。赠司空、冀州刺史，谥曰文惠。

孝宽沉敏和正，涉猎经史。弱冠，属萧宝夤作乱关右，乃诣阙，请为军前驱。朝廷嘉之，即拜统军。随冯翊公长孙承业西征，每战有功。拜国子博士，行华阴郡事。属侍中杨侃为大都督，出镇潼关，引孝宽为司马。侃奇其才，以女妻之。永安中，授宣威将军、给事中，寻赐爵山北县男。普泰中，以都督从荆州刺史源子恭镇襄城，以功除淅阳郡守。

【译文】

韦叔裕，字孝宽，京兆杜陵人，自小别人便用他的字称呼他，于是他把字作为名。韦孝宽祖祖辈辈都是三辅大族。他的祖父韦直善，曾任北魏冯翊、扶风二郡太守，父亲韦旭，曾任武威郡太守。北魏孝庄帝建义初年，韦旭任大行台右丞，加辅国将军、雍州大中正等官职。永安二年（529），他被任命为右将军、南豳州刺史。当时氐族多次抢掠财物，韦旭根据情况，加以安抚，氐人都迅速地降附他。不久，韦旭死于任上。朝廷赠他司空、冀州刺史等官，谥号为“文惠”。

韦孝宽深沉机敏，温和正直。他二十岁时，遇到萧宝夤在关中发动叛乱，于是他前往都城洛阳，请求朝廷让他作为大军的前锋去平定叛乱。朝廷很欣赏他这种行为，便任命他为统军。韦孝宽随冯翊公长孙承业挥师西进，每次战斗，都有战功。他被任命为国子博士，代理华山郡太守的职务。恰好侍中杨侃以大都督的身份离开京城，镇守潼关，让韦孝宽做他的都督府司马。杨侃对韦孝宽的才干感到惊奇，把自己的女儿嫁给他为妻。永安年间，朝廷任命韦孝宽为宣威将军、给事中，不久又授予他山北县男的爵位。北魏节闵帝普泰年间，韦孝宽以都督的身份隶属荆州刺史源子恭，镇守襄城。因功被任命为析阳郡太守。

隋书

◎唐·魏征等

◎刘子良 节译

【读史理由】

了解隋朝历史的第一手资料。

现存最早的隋史专著。

唐代官修正史的代表作。

【史籍简介】

《隋书》是主要记述隋朝历史的纪传体史书。全书共八十五卷，包括本纪五卷，列传五十卷，志三十卷。本纪和列传部分记载了隋朝三十八年的兴衰史；而志的部分有十个门类，详细记载了整个南北朝时期的典章制度史，因此又称“五代史志”。

【作者简介】

贞观三年（629），唐太宗下令重修五朝史，由魏征主编《隋书》，长孙无忌、于志宁等人参与撰修。

魏征（580—643），字玄成，馆陶（今河北馆陶）人。一说巨鹿下曲阳（今河北晋县）人。唐初政治家。受诏监修梁、陈、齐、周、隋史，亲笔写了《隋书》序论和《梁书》《陈书》《齐书》的总论，又总编《群书治要》。言论见于《贞观政要》。

长孙无忌（594—659），字辅机，河南洛阳人。唐朝的开国功臣。长孙无忌非常好学，“该博文史”。贞观年间与房玄龄等修《贞观律》。永徽年间奉命与律学士对唐律逐条解释，撰成《律疏》（元代以后称《唐律疏议》）30卷。有诗三首。

【读史指南】

二十四史中，《隋书》水平较高，主要有三个原因：首先，修史时隋亡不久，有不少史料尚可资证，有不少隋朝遗老可以访问。其次，由魏征任主编，他修史时基本能坚持据事直书，无过多忌讳。最后，史官中有一大批才智之士，如孔颖达、许敬宗等，使《隋书》的撰写在学术上有所保证。

《隋书》的一个重要特点，就是全书贯穿了以史为鉴的思想。主编魏征在给唐太宗上书时说："殷鉴不远，在夏后之世。臣愿当今之动静。以隋为鉴，则存亡治乱可得而知。"

《隋书》中不少史论出自魏征手笔。他将论史与论政结合起来，以隋朝的兴亡为借鉴，阐发政治思想和历史见解，教益深刻，对唐初的施政方针产生了较深的影响。

隋文帝杨坚像

同时，《隋书》与其他同类史书相比，最大的优点是秉直书写，较少隐讳。比如尽管裴矩、何稠等人已为唐臣，但书中对他们在隋朝的作为，也不加任何掩饰。此外，《隋书》中也较多地叙述了隋末农民大起义的史实，这在《炀帝纪》两卷中记载最为具体。

《隋书》十志包括礼仪、音乐、律历、天文、五行、食货、刑法、百官、地理、经籍。它们继承《汉书》十志的传统，保存了南北朝以来大量的典章制度，有的甚至追溯到汉魏。这十志的作者都是学有所长的专家，因此它的内容丰富、充实，且很有章法，每志都有序论概述历史源流和本志要旨，然后按五个朝代分段记述史实，结构清晰、严整。在正史书志中，《隋书》十志一直享有较高的声誉。

十志当中，《隋书·经籍志》的价值最为突出，它是继《汉书·艺文志》后的一部十分重要的目录书，叙述了自汉至隋六百年间我国书籍之存亡、学术之演变，是对我国古代书籍和学术史的第二次总结，也是对我国学术文化史的一大贡献。在图书分类上，《隋书·经籍志》采用最新出现的经、史、子、集四部分类法，这种图书分类法，为后世遵用达一千余年。在写法上，它的大小序齐全，对于各门学术及其分支学科都能抓住要害，进行提纲挈领的评价，起到了辨章学术、考镜源流的作用。《隋书·经籍志》对于古代目录学的发展起到了促进作用。

《隋书》的历史局限性存在于它过分地强调“天道”和“帝王之道”等唯心主义观点，为统治阶级政治服务。当然，这些在封建社会的史书里是难免的，对此我们不必过分苛求。

【本经快读】

炀帝纪

（节选自《隋书》卷三）（李密）

【原文】

炀皇帝，讳广，一名英，小字阿，高祖第二子也。母曰文献独孤皇后。上美姿仪，少敏慧，高祖及后于诸子中特所钟爱。在周，以高祖勋，封雁门郡公。开皇元年，立为晋王，拜柱国、并州总管，时年十三。寻授武卫大将军，进位上柱国、河北道行台尚书令，大将军如故。高祖令项城公韶、安道公李彻辅导之。上好学，善属文，沉深严重，朝野属望。高祖密令善相者来和遍视诸子，和曰："晋王眉上双骨隆起，贵不可言。"既而高祖幸上所居第，见乐器弦多断绝，又有尘埃，若不用者，以为不好声妓，善之。上尤自矫饰，当时称为仁孝。尝观猎遇雨，左右进油衣，上曰："士卒皆沾湿，我独衣此乎！"乃令持去。

【译文】

炀帝名广，一名英，小名叫阿，隋高祖的第二个儿子。母亲是文献独孤皇后。

隋炀帝杨广像

皇上的容貌仪表很美，他从小就机敏聪慧，在诸王子中特别得到高祖及皇后的宠爱。在北周，凭借高祖的功勋，他被封为雁门郡公。开皇元年（581），他被立为晋王，授予柱国、并州总管职务，当时他才十三岁。不久他被授予武卫大将军，职位又晋升为上柱国、河北道行台尚书令，大将军头衔依旧。隋高祖责令项城公王韶、安道公李彻二人辅助、教导他。皇上爱学习，善于写文章，性格深沉隐晦，严肃庄重，引起朝野注目。高祖秘密安排擅长相术的来和看遍各个王子的面相，来和说："晋王眉毛上端一对骨头高高突起，富贵之极，无法用语言表达。"此后不久，高祖到皇上的府宅，看到乐器的丝弦大多断绝，又沾满尘埃，好像是弃置不用的，就以为皇上不喜好歌舞伎，觉得他很好。皇上特别爱故意做作，掩盖真相，以致当时被称为仁爱孝谨。有一次他去观看狩猎活动，赶上下雨，左右侍臣送上涂有桐油的雨衣，皇上却说："兵士们都浸湿了衣衫，我能一个人穿防雨衣吗？"于是叫左右侍臣把雨衣拿走。

南史

◎唐·李延寿等

◎宋寒梅　节译

【读史理由】

全面了解南朝历史较为系统的材料。

准确勾勒了南朝的历史形势和历史变化趋势。

【史籍简介】

《南史》是合南朝宋、齐、梁、陈四代历史为一编的纪传体史书。它的叙事起自南朝宋武帝刘裕永初元年（420），止于陈后主陈叔宝祯明三年（589），记述了南朝四代一百七十年的历史。全书共八十卷，有本纪十卷、列传七十卷。

【作者简介】

《南史》，由历史学家李大师及其子李延寿两代人编撰而成。

李大师（570—628），相州（今河南安阳）人。南朝末期由隋入唐的历史学家。生前以编年体撰写《南史》与《北史》，统编南朝与北国各代的历史，但尚未成书便去世了，后由其子李延寿继续撰写。

李延寿，字遐龄，相州（今河南安阳）人。唐初的历史学家。唐太宗时，曾参加《隋书》纪、传、志和《晋书》的编写，后又参与了唐朝国史的编纂。最大的成就在于撰修了《南史》与《北史》。

【读史指南】

《南史》和《北史》是在南北朝至隋“八书”的基础

上改编的。对于为何要另外编写《南史》《北史》，李延寿在自序中说，其父李大师“常以宋、齐、梁、陈、魏、齐、周、隋南北分隔，南书谓北为‘索虏’，北书指南为‘岛夷’。又各以其本国周悉，书别国并不能备，亦往往失实。常欲改正”。

李延寿对“八书”的改编，按其自己的说法，主要从以下三个方面进行：

首先，打破朝代的断限，把这一时期分成南北两个部分，分别撰写出各朝代的通史，编成相互联系的《南史》《北史》。

其次，删除“八书”中很多互相重复的记载，对比较重要的，就概括出来。这样，既能突出史实，又大量减少了篇幅。

最后，李延寿修《南史》《北史》，并非单纯抄“八书”，他也补益了大量史实。除补入一些“八书”所无的纪、传外，还对“八书”原有的一些纪传作了增补。《南史》中有《宋书》《南齐书》等书中未载的材料，其中不乏一些有意义的史料。

《南史》和《北史》的修成，有利于消除南北方长期分裂产生的隔阂，培植天下一家的统一意识，这是“二史”最重要的思想价值。

当然，《南史》中也存在一些遗憾之处。首先，李延寿未能制出有关南北关系的年表。其次，《南史》对各朝正史的删节，有应删而未删的，也有过求简练而致混乱或不确切的。最后，《南史》大量采用家传形式，将不同朝代的一族一姓人物不分年代，集中于一篇中叙述，实际成为大族族谱。

总体上看，《南史》《北史》文字简明，事增文省，在史学上占有重要地位。司马光称赞“二史”，“叙事简劲，比于南北正史，无繁冗、芜秽之辞”，堪为“近世之佳史”，并认为陈寿之后，只有李延寿可与之相比。

【本经快读】

陈后主本纪

（节选自《南史》卷十）

【原文】

后主愈骄，不虞外难，荒于酒色，不恤政事，左右嬖佞珥貂者五十人，妇人美貌丽服巧态以从者千余人。常使张贵妃、孔贵人等八人夹坐，江总、孔范等十人预宴，号曰“狎客”。先令八妇人襞采笺，制五言诗，十客一时继和，迟则罚酒。君臣酣饮，从夕达旦，以此为常。而盛修宫室，无时休止。税江税市，征取百端。刑罚酷滥，牢狱常满。

覆舟山及蒋山柏林，冬月常多采醴，后主以为甘露之瑞。前后灾异甚多。有神自称老子，游于都下，与人对语而不见形，言吉凶多验，得酒辄酾之，经三四年乃去。

船下有声云“明年乱”。视之，得婴儿长三尺而无头。蒋山众鸟鼓两翼以拊膺，曰“奈何帝！奈何帝！”又建邺城无故自坏。青龙出建阳门，井涌雾，赤地生黑白毛，大风拔朱雀门，临平湖草旧塞，忽然自通。后主又梦黄衣人围城，乃尽去绕城橘树。又见大蛇中分，首尾各走。夜中索饮，忽变为血。有血沾阶至于坐床头而火起。有狐入其床下，捕之不见。以为祆，乃自卖于佛寺为奴以禳之。

【译文】

后主更加骄傲，不忧虑外来的祸难，过分沉湎在酒色里，不过问国家政事，左右亲信的侍从冠上佩带貂尾的有五十人，容貌姣好、服饰华丽、陪从在身边的女人有一千多。他经常让张贵妃、孔贵人等八个人坐在他的两旁，江总、孔范等十人参加宴席，号称“狎客”。他事先让八个女人折叠好采笺，写作五言诗，十个客人相继和诗，迟了就罚酒。君臣畅饮，从夜里直到天明，把这当成常事。又大肆修筑宫室，没有停工的时候。还从江上市上收税，征税的名目上百种。刑罚残酷过度，牢狱里经常押满囚犯。

陈后主像

覆舟山和蒋山上的柏树林，冬月里从木皮上常流出甘甜的汁液，陈后主认为这是天降甘露的祥瑞。前后出现的各种灾异情况很多。有神人自称是老子，在京城里游荡，和人谈话但是看不到身形，他预言吉凶的事情常常应验，得到酒便喝干，过了三四年才消失。还有在船底下有说话声：“明年大乱。”往船下看，发现个婴儿长三尺，但是没有头。蒋山上很多鸟鼓动两翅拍打胸脯，还喊道：“奈何帝！奈何帝！”还有建邺城无故塌坏。还有青龙腾出建阳门，井里喷涌出雾气，地上长出黑草白草，大风卷起朱雀门，临平湖以前被水草堵住不流，忽然间水自通流出。陈后主又梦到穿黄衣的人来围城，于是把绕城四周的橘树全都砍掉。又出现一条大蛇从中分成两段，头和尾各自爬走。夜里要水喝，忽然水变成了血。有血沾湿台阶又浸到床头忽然变成火烧起来。有狐狸钻到陈后主床下，想要捕捉时便不见了。陈后主认为这都是神灵，于是便到佛寺去卖身为奴以便禳除灾祸。

北史

◎唐·李延寿等

◎严文舒　节译

北史 > 唐 > 李延寿等

【读史理由】

全面了解北朝历史较为系统的材料。

准确勾勒了北朝的历史形势和历史变化趋势。

【史籍简介】

《北史》是合北朝魏、齐（包括东魏）、周（包括西魏）和隋四代历史为一编的纪传体史书。它的叙事起于北朝魏道武帝登国元年（386），止于隋恭帝义宁二年（618），记载了北朝魏、齐、周和隋四个封建政权二百多年间的史事。全书共一百卷，其中本纪十二卷，列传八十八卷。

【作者简介】

同《南史》。

【读史指南】

《北史》的详细内容参见《南史》的“读史指南”，以下仅就“二史”的区别略叙一二：

由于李氏家族世居北方，见闻较近，因此在《北史》中不见于正史的材料，较《南史》稍多一些。如据魏澹《魏书》新增西魏三帝纪及后妃等传，所增北齐史事中有很多有意义的轶事，且多用口语记述。对南朝宗室流入北方者，在《南史》各帝诸子传中，只附见其名，或略叙。而《北史》则将其传汇为一卷，详记其事迹。两史配合较好。

《北史》对著名大族也采取家传写法，即在诸臣传中一般都将其子孙附载于一传，不论所处朝代。但出郦道元于《酷吏传》，附陆法和于《艺术传》，也可看出其用心，与《南史》有所不同。

【本经快读】

高祖神武帝本纪

（节选自《北史》卷六）

【原文】

齐高祖神武皇帝姓高氏，讳欢，字贺六浑，勃海蓨人也。六世祖隐，晋玄菟太守。隐生庆，庆生泰，泰生湖，三世仕慕容氏。及慕容宝败，国乱。湖率众归魏，为右将军。湖生四子。第三子谧，仕魏，位至侍御史，坐法徙居怀朔镇。谧生皇考树生，性通率，不事家业。住居白道南，数有赤光紫气之异。邻人以为怪，劝徙居以避之。皇考曰："安知非吉？"居之自若。及神武生而皇妣韩氏殂，养于同产姊婿镇狱队尉景家。神武既累世北边，故习其俗，遂同鲜卑。长而深沈有大度，轻财重士，为豪侠所宗。目有精光，长头高权，齿白如玉，少有人杰表。家贫，及娉武明皇后，始有马，得给镇为队主。镇将辽西段长常奇神武貌，谓曰："君有康济才，终不徒然。"便以子孙为托。及贵，追赠长司空，擢其子宁而用之。

【译文】

齐高祖神武皇帝，姓高，名欢，字贺六浑，是勃海郡县地方的人。六世祖高隐，曾任晋朝的玄菟太守。高隐生高庆，高庆生高泰，高泰生高湖，这三代都在慕容氏建立的前、后燕国做官。后燕皇帝慕容宝被北魏军队击败，国中大乱，高湖就率领一批部众归顺了北魏，并出任右将军的官职。高湖一共生了四个儿子。第三个儿子高谧，在北魏做官，做到了侍御史，后来因为犯法被治罪，流放到北边的怀朔镇居住。高谧生了高欢的父亲高树生。高树生性情豁达粗率，不从事振兴家庭产业的活动。定居在白道南面，那里屡次出现红光、紫气这一类的怪现象，邻居们都觉得很惊讶，劝他搬家躲避。高树生说：“你们怎么知道这不是好的征兆呢？”他仍然居住在那里。到高欢生下来的时候，他的母亲韩氏就去世了，于是把他寄养在同母的姐姐家，姐夫尉景当时在镇狱队中做事。由于家里已经有好几代定居在北边，所以到高欢这一代已经完全浸染了当地的风俗习惯，言行举止都同鲜卑人一样了。高欢长大以后，性情深沉，度量宽广，不惜钱财结交朋友，为豪强、侠士所推崇。他目光炯炯有神，长脸盘，高颧骨，牙齿洁白如玉，从小就有非凡的相貌。当时家里很穷，直到娶了后来被追谥为武明皇后的娄氏，才有了马匹，因而能够到镇上找一个队主的差使。镇将辽西人段长觉得高欢相貌非凡，对他说：“你有安国兴邦的才能，终究不会总是这样的。”于是就嘱托他照顾自己的子孙。到了高欢发迹以后，追赠段长为司空，并提拔了其子段宁，加以重用。

旧唐书

◎五代后晋·刘昫等

◎赵祥　　节译

旧唐书 > 五代后晋 > **刘昫等**

【读史理由】

了解唐朝历史的第一手史料。

研究唐代少数民族历史的珍贵资料。

保存了唐代大家不少很有价值的文章。

【史籍简介】

《旧唐书》是现存最早的系统记录唐代历史的一部史籍。原名《李氏书》，后改称《唐书》，宋代欧阳修、宋祁等编写的《新唐书》问世后，又改称为《旧唐书》。该书共二百卷，包括本纪二十卷，志三十卷，列传一百五十卷。

【作者简介】

最初主持编修唐史的是当时的宰相赵莹，以后担任宰相的桑维翰、刘昫也相继担任监修。参加具体编写的有贾纬、张昭远、赵熙等九人。在全书最后完成时，正好是刘昫任监修，由他领衔奏上，所以《旧唐书》题为刘昫等撰。

贾纬（？—952），真定获鹿（今河北省获鹿县）人。五代十国时期历史学家。编有《唐年补录》，共六十五卷，著作《草堂集》三十卷，与《唐年补录》传于世。曾任监察御史、太常博士、中书舍人等职。

【读史指南】

《旧唐书》出自乱世，又出自众手，成书迅速，因此不免有粗糙的弊病，前后记事详略不一，文字风格也差别较大，这是由当时的时代特点决定的。

《旧唐书》主要是抄录唐代史料成书，所以后期大不如前。穆宗以后的本纪繁杂，《历志》《经籍志》的记述仅至玄宗时代，列传对唐代末期人物缺漏很多。书中转抄的痕迹也很明显。书中甚至有一人同时并列两传的情况。

尽管《旧唐书》有上述诸多缺陷，但其价值仍不容抹杀。

首先，它保存了唐朝的第一手史料。唐朝三百年历史，屡经战乱，原始史料大部被毁，尤其是“安史之乱”和唐末军阀混战，致使“向时遗籍，尺简无存”。

其次，《旧唐书》编撰之时，唐灭亡仅30多年，所以能直接利用大量史料，特别是唐代前期的史料。关于唐朝的均田制、租庸调制和两税法，书中都有比较翔实的记载，还保存了我国科技史的丰富资料，给后人的研究提供了方便。

此外，《旧唐书》记述唐代少数民族以及外国的情况，超过以前各史。比如在唐朝和日本、朝鲜、印度的关系史方面，《旧唐书》记载也较为详细。

难能可贵的是，《旧唐书》编撰所遵循的指导原则是“纂修须按于旧章”，即忠实于唐代遗留下来的原始资料，这样就更增加了它的史料价值。司马光著《资治通鉴》的《唐纪》部分，大抵采用《旧唐书》中的材料。

最后，《旧唐书》的列传，采用了唐人写的“家传”。这些家传，常为名家所写，不仅如实保留了史料，而且极富文采。

因此，总体来说，对于《旧唐书》，我们不能仅以其存在糟粕就全面否决，而应以客观的态度，取其精华，尊重它的价值。

【本经快读】

太宗纪

（节选自《旧唐书》卷二）

【原文】

太宗文武大圣大广孝皇帝讳世民，高祖第二子也。母曰太穆顺圣皇后窦氏。隋开皇十八年十二月戊午，生于武功之别馆。时有二龙戏于馆门之外，三日而去。高祖之临岐州，太宗时年四岁。有书生自言善相，谒高祖曰：“公贵人也，且有贵子。”见太宗，曰：“龙凤之姿，天日之表，年将二十，必能济世安民矣。”高祖惧其言泄，将杀之，忽失所在，因采“济世安民”之义以为名焉。太宗幼聪睿，玄鉴深远，临机果断，不拘小节，时人莫能测也。

大业末，炀帝于雁门为突厥所围，太宗应募救援，隶屯卫将军云定兴营。将行，谓定兴曰：“必赍旗鼓以设疑兵。且始毕可汗举国之师，敢围天子，必以国家仓卒无援。我张军容，令数十里幡旗相续，夜则钲鼓相应，虏必谓救兵云集，望尘而遁矣。不然，彼众我寡，悉军来战，必不能支矣。”定兴从焉。师次崞县，突厥候骑驰告始毕曰：王师大至。由是解围而遁。及高祖之守太原，太宗时年十八。有高阳贼帅魏刀儿，自号“历山飞”。来攻太原，高祖击之，深入贼阵。太宗以轻骑突围而进，射之，所向皆披靡，拔高祖于万众之中。适会步兵至，高祖与太宗又奋击，大破之。

【译文】

太宗文武大圣大广孝皇帝名世民，高祖第二子。母亲是太穆顺圣皇后窦氏。隋代开皇十八年（598）十二月戊午，出生于高祖在武功县的别墅里。当时有两条龙在别馆门外游戏，三天才离开。高祖到岐州任刺史，太宗当时四岁。有个书生自称擅长算命，觐见高祖说：“您是贵人，而且有贵子。”见到太宗，说：“龙凤的姿貌，天庭隆起的仪表，年近二十，必定能济世安民。”高祖怕他把这话泄露出去，准备杀掉他，书生忽然不见，于是取“济世安民”的意思作为名字。太宗年幼时聪明多智，见解深远，处事果断，不拘小节，当时人们都摸不透他。

唐太宗李世民像

大业末年，隋炀帝在雁门被突厥围困，太宗应募前去救援，隶属于屯卫将军云定兴的部队。临出发时，他对定兴说："一定要携带旗鼓，用来虚设队伍，迷惑敌人。始毕可汗全国的军队，敢于围困天子，一定以为国家仓促间派不出援兵。我方部署队伍，让数十里旗帜相连，夜晚则钲鼓声相应，敌人必定会以为救兵云集，望见我军的行尘而逃去。要不然敌众我寡，敌人全军来战，我方一定支持不住。"定兴听从太宗的意见。部队在崞县宿营，突厥的侦察骑兵跑回去报告始毕说：隋朝的大军已到。突厥因此解围而去。高祖守太原的时候，太宗十八岁。有高阳盗贼首领魏刀儿，自己起个外号叫"历山飞"，来攻太原，高祖袭击敌人，深入贼阵。太宗用轻骑兵突围进入贼阵，箭射贼兵，所到之处，敌皆倒退，于是把高祖从上万贼兵的围困中救出。这时正好遇上敌人步兵，高祖与太宗又奋力进击，大破敌兵。

新唐书

◎北宋・欧阳修、宋祁

◎李向晖　节译

新唐书 > 北宋 > 欧阳修、宋祁

【读史理由】

全面了解唐朝历史的重要资料。

真实地再现了唐代的风云变幻。

【史籍简介】

《新唐书》是记载唐朝历史的纪传体史书。由北宋的宋祁、欧阳修等人撰修。为了同五代后晋时官修的唐书加以区别，遂称《新唐书》。全书共二百二十五卷，包括本纪十卷，志五十卷，表十五卷，列传一百五十卷。

【作者简介】

《新唐书》中，列传主要由宋祁负责，本纪、志、表主要由欧阳修负责，前后参与的有范镇、吕夏卿、王畴、宋敏求、刘羲叟等人。

宋祁（998—1061），字子京，雍丘（今河南民权县）人。宋代史学家、文学家。天圣年间进士，曾任尚书工部员外郎、翰林学士、史馆修撰。曾与欧阳修等合修《新唐书》，为列传150卷，著有《宋景公文集》。

欧阳修（1007—1072），字永叔，号醉翁，晚号六一居士，吉州永丰（今属江西）人。

北宋政治家、文学家，唐宋八大家之一。天圣年间进士，曾任翰林学士、枢密副使、参知政事等职。主张文章应“明道”“致用”，是北宋古文运动的领袖。曾与宋祁合修《新唐书》，并独撰《新五代史》。又编有《集古录》，著有《欧阳文忠集》。

【读史指南】

《新唐书》史料来源比《旧唐书》多，这是它的主要成就之一。除《旧唐书》外，《新唐书》还采用了当时重新搜集到的文献以及碑刻文字。宋祁为唐朝后期人物立传，就采用了不少小说、笔记、传状、碑志、家谱、野史等资料。

为了总结唐代的典章制度供宋王朝参考，《新唐书》对志特别重视，新增了《旧唐书》所没有的《选举志》和《兵志》。《兵志》《选举志》是《新唐书》的首创，它们系统地论述唐代府兵等军事制度和科举制度。这是我国正史体裁史书的一大开创，为以后《宋史》等所沿袭，保存了我国军事制度和用人制度的许多宝贵史料。其余诸志的内容也都很丰富，其中《天文志》和《历志》，记载了唐代流行的七种历法，特别是保存了历法史上著名的《大衍历》的《历议》，反映了唐代历法理论的水平和发展高度。

《新唐书》还恢复了立表的传统，《新唐书》中的《宰相表》《方镇表》《宗室世系表》《宰相世系表》等，弥补了纪、传的不足，也给读者认识唐朝宰相族系（世家大族）的升降和藩镇势力的消长，提供了一条线索。自《史记》创造了表这一形式后，只有班固的《汉书》有表。魏晋至五代，修史者志、表缺略，至《新唐书》始又恢复了这种体例的完整性。以后各朝史书，多循此制。这也是《新唐书》在我国史学史上的一大功劳。

《新唐书》也有明显的缺点。首先，书中对隋末、唐末农民起义大加挞伐。其次，在写法上，仿照《春秋》笔法，通过用不同的字句来进行褒贬，失去了许多重要史料。又由于苛求文字精练，书中删去了许多重要情节。第三，《新唐书》中存在排佛的偏见，将玄奘、一行等事迹一概不写。最后，《新唐书》有记事矛盾、风格体例不同的弊病。

但总的说来，《新唐书》就史料价值上看，是研究唐代历史的重要文献之一。

【本经快读】

则天武皇后列传

（节选自《新唐书》卷七十六）

【原文】

高宗则天顺圣皇后武氏，并州文水人。父士彟，见《外戚传》。文德皇后崩，久之，太宗闻士彟女美，召为才人，方十四。母杨，恸泣与诀，后独自如，曰："见天子庸知非福，何儿女悲乎？"母韪其意，止泣。既见帝，赐号武媚。及帝崩，与嫔御皆为比丘尼。高宗为太子时，入侍，悦之。王皇后久无子，萧淑妃方幸，后阴不悦。它日，帝过佛庐，才人见且泣，帝感动。后廉知状，引内后宫，以挠妃宠。

【译文】

高宗则天顺圣皇后武氏，并州文水人。父亲武士彟，事迹载于《外戚传》。太宗文德皇后去世后，过了许久，太宗听说士彟的女儿长得美，召她入宫为才人，当时她才十四岁。才人的母亲杨氏，和女儿告别，失声痛哭，只有才人还像原来的样子，她说：“能见到天子，怎知不是福分，为什么要像女孩子那样悲伤呢？”母亲认为她的想法对，不再啼哭。才人见到太宗后，太宗赐给她武媚的称号。等到太宗去世，才人与太宗的侍妾、宫女都当了比丘尼。高宗当太子的时候，入宫侍奉太宗，见到才人后很喜欢。高宗王皇后长期没有儿子，萧淑妃正受到高宗的宠幸，王皇后暗地里很不高兴。有一天，高宗经过佛寺，才人见到他后直流眼泪，高宗的感情受到触动。王皇后查知这一情况，将才人领进后宫，希望借此使萧淑妃的得宠受到削弱。

魏征列传

（节选自《新唐书》卷九十七）

【原文】

即位，拜谏议大夫，封巨鹿县男。当是时，河北州县素事隐、巢者不自安，往往曹伏思乱。征白太宗曰：

“不示至公，祸不可解。”帝曰：“尔行安喻河北。”道遇太子千牛李志安、齐王护军李思行传送京师，征与其副谋曰：“属有诏，宫府旧人普原之。今复执送志安等，谁不自疑者？吾属虽往，人不信。”即贷而后闻。使还，帝悦，日益亲，或引至卧内，访天下事。征亦自以不世遇，乃展尽底蕴无所隐，凡二百余奏，无不剀切当帝心者。由是拜尚书右丞，兼谏议大夫。

【译文】

秦王即帝位，拜魏征为谏议大夫，封巨鹿县男。正在这个时候，河北州县以前侍奉隐太子、巢王元吉的人都觉得自己不安全，往往成群藏匿思谋作乱。魏征禀告太宗说：“不向天下人显示天子至公无私，灾祸不能解除。”太宗说：“你去安抚并开导一下河北的人。”魏征在出使河北途中，遇到太子千牛李志安、齐王元吉府护军李思行被解往京师，魏征同他的副使商议道：“正好有诏令，前东宫、齐王府的旧人一律免罪，现在又拘捕。解送志安等人，谁心里不怀疑呢？我们前去传达天子的旨意，人们一定不会相信。”所以立即赦免志安等人，而后上报天子。魏征出使回来，太宗非常高兴，对他日益亲近，有时把他领进卧室，询问天下的事情。魏

魏征像

征也自认为得到君主非常的赏识，于是把心里的想法全部说出，毫不隐瞒，共提出建议二百多项，全都切实可行，符合皇帝的心意。因此太宗任命他为尚书右丞，兼谏议大夫。

【原文】

郑仁基息女美而才，皇后建请为充华，典册具。或言许聘矣。征谏曰："陛下处台榭，则欲民有栋宇；食膏粱，则欲民有饱适；顾嫔御，则欲民有室家。今郑已约昏，陛下取之，岂为人父母意！"帝痛自咎，即诏停册。

【译文】

郑仁基的亲生女儿既长得漂亮，又有才干，皇后建议让她当九嫔中的充华，天子的封册都准备好了。有人说她已和别人有婚约，魏征进谏道："陛下居于楼台，就想让百姓有房子住，吃精美的食物，就想让百姓能吃饱吃好；看到身边的侍妾，就想让百姓有家庭。现在郑家的女儿已有婚约，陛下娶她，哪里有一点做百姓父母的情意！"皇帝沉痛地自责，立即下令停止册封。

唐太宗像

李白列传

（节选自《新唐书》卷二百零二）

【原文】

李白，字太白，兴圣皇帝九世孙。其先隋末以罪徙西域，神龙初，遁还，客巴西。白之生，母梦长庚星，因以命之。十岁通诗书，既长，隐岷山。州举有道，不应。苏颋为益州长史，见白异之，曰："是子天才英特，少益以学，可比相如。"然喜纵横术，击剑，为任侠，轻财重施。更客任城，与孔巢父、韩准、裴政、张叔明、陶沔居徂山，日沈饮，号"竹溪六逸"。

天宝初，南入会稽，与吴筠善，筠被召，故白亦至长安。往见贺知章，知章见其文，叹曰："子，谪仙人也！"言于玄宗，召见金銮殿，论当世事，奏颂一篇。帝赐食，亲为调羹，有诏供奉翰林。白犹与饮徒醉于市。帝坐沈香亭子，意有所感，欲得白为乐章；召

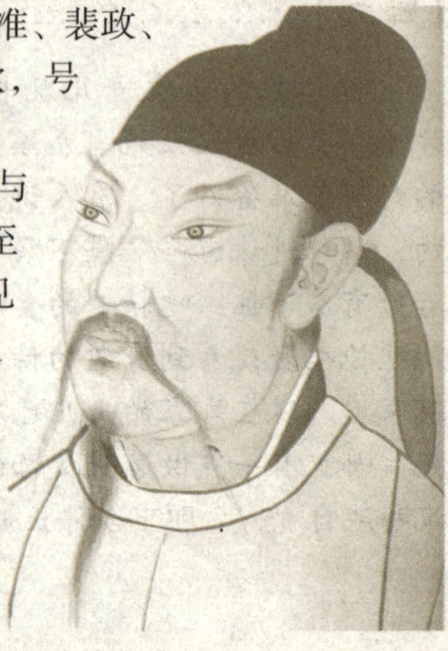

李白像

入，而白已醉，左右以水面，稍解，援笔成文，婉丽精切无留思。帝爱其才，数宴见。白尝侍帝，醉，使高力士脱靴。力士素贵，耻之，擿其诗以激杨贵妃，帝欲官白，妃辄沮止。白自知不为亲近所容，益骜放不自修，与知章、李适之、汝阳王琎、崔宗之、苏晋、张旭、焦遂为“酒八仙人”。

【译文】

李白，字太白，兴圣皇帝第九代孙。他的祖先于隋朝末年因罪被流放到西域。神龙初年，他的父辈从西域逃回来，客居于巴西（在今四川江油）。李白诞生的时候，他母亲梦见太白星，因而取其字为太白。他十岁时就通读诗书，及至长大成人，隐居于岷山。当时所在州郡以有道科举荐他，他没有应举。苏颋为益州（今四川成都）长史时，见到李白，感到惊异，说：“这个青年天资聪颖，如果再稍加努力，增加点学问，便可以同汉代的司马相如相比。”然而李

清代苏六朋绘《太白醉酒图》

白喜欢纵横家的那一套术数，学击剑，想当个游侠之士，轻财好施。后来，李白又客居任城（今山东济宁），和孔巢父、韩准、裴政、张叔明、陶沔居于徂徕山，成日酣饮沉醉，当时号称“竹溪六逸”。

天宝初年，李白南入会稽，同吴筠亲善，吴筠被皇帝征召进京，所以李白也跟着到了长安。李白去见贺知章，知章看到他的诗文后，感叹道：“你，是谪居世间的仙人！”知章向玄宗介绍李白，于是玄宗在金銮殿召见了他，李白同玄宗谈论当代之事，进献颂一篇。皇帝赐给李白饮食，亲自往他的汤里放调味品，下诏让他当翰林院供奉。李白好喝酒，仍然每天在市上与酒徒们一起喝得大醉。有一次，皇帝坐在沉香亭子里，心有所感，想让李白为他写歌词，于是召李白入宫。而李白已喝醉，皇帝左右的人用冷水给李白洗脸，李白醉意略消，拿到别人给他的笔便很快写成，文词婉转华美，精致贴切，诗思毫不迟滞。皇帝喜爱李白的才能，多次在清闲的时候召见他。李白有一次侍奉皇帝，喝醉了酒，让大宦官高力士为他脱靴子。力士素来地位尊贵，以此为平生的耻辱，于是摘取李白诗之事以激起杨贵妃的不满，皇帝想让李白做官，贵妃就加以阻止。李白自知不被皇帝亲近的人所容，便更加放任，不修养自身，与贺知章、李适之、汝阳王李琎、崔宗之、苏晋、张旭，焦遂结为“饮酒八仙人”。

旧五代史

◎北宋·薛居正等
◎高远　　节译

【读史理由】

了解五代十国历史的第一手资料。

史料丰富翔实，真实可靠，《资治通鉴》即依据此书编撰而成。

【史籍简介】

《旧五代史》是记述五代十国历史的主要史书。它的叙事起于朱温代唐称帝（907），终于北宋王朝建立（960），记载了五代十国时期封建王朝分裂割据的史事。原名《五代史》，也称《梁唐晋汉周书》，后人为区别于欧阳修的《新五代史》，便习称《旧五代史》。

【作者简介】

《旧五代史》是由宋太祖赵匡胤下诏编纂的官修史书。薛居正任监修，卢多逊、张澹、李昉等人参与了修史工作。

薛居正（912—981），字子平，北宋开封浚仪（今河南开封）人。五代后唐进士，后周时曾任刑部侍郎。入宋后，官至司空，曾监修国史。开宝六年（973）监修五代史，书成，后称《旧五代史》。又著有《文惠集》30卷，今已佚。其文有3篇入《全宋文》。

【读史指南】

《旧五代史》编修的目的是总结历史经验，为宋王朝的政治提供借鉴。《旧五代史》以中原王朝的兴亡为主线，以十国的兴亡和周边民族的起伏为副线，叙述条理清晰，较好地展现了这段历史的面貌。

该书的编者大部分在五代时期生活过，对那段历史比较了解，因此五代的史料较为丰富。又因为此书编写时南方诸国尚存，许多编者熟悉南方史事，因而更多地编进了有关十国的第一手资料。有关十国以及周围少数民族政权如契丹、吐蕃等，在《世袭列传》《僭伪列传》《外国列传》中都有记述。因此这部书虽名为五代史，实为当时整个五代十国时期各民族的一部断代史。

书中保存了许多诏令公文和“行状”、墓志铭等，这都是人物传记的第一手资料。

《旧五代史》因其史料丰富翔实，因此很受重视。司马光修《资治通鉴》，从中取材甚多，而北宋文坛名家沈括、洪迈等人的著作也多加援引。

《旧五代史》的不足之处，主要是对史料未加以慎重鉴别，有的照抄五代时期的实录，而实录多是由当朝人编写，所以隐讳粉饰的地方较多。他们不加区分地照录了这些曲笔的文字，使书中的不少记述不符合历史事实。

北宋仁宗皇祐年间（1049—1054），欧阳修撰成《新五代史》。泰和七年（1207），金章宗下诏不用《旧五代史》而专用《新五代史》，《旧五代史》逐渐散失。直到乾隆年间，乾隆命人修《四库全书》，才大致恢复了原书面貌的十之七八。

【本经快读】

王镕列传

（节选自《旧五代史》卷五十四）

【原文】

王镕，其先回鹘部人也。远祖没诺干，唐至德中，事镇州节度使王武俊为骑将。武俊嘉其勇干，畜为假子，号王五哥，其后子孙以王为氏。四代祖廷凑，事镇帅王承宗为牙将。长庆初，承宗卒，穆宗命田宏正为成德军节度使。既而镇人杀宏正，推廷凑为留后，朝廷不能制，因以旄钺授之。廷凑卒，子元逵尚文宗女寿安公主。元逵卒，子绍鼎立。绍鼎卒，子景崇立。皆世袭镇州节度使，并前史有传。景崇位至太尉、中书令，封常山王，中和二年卒。

镕即景崇之子也，年十岁，三军推袭父位。大顺中，武皇将李存孝既平邢、洺，因献谋于武皇，欲兼并镇、定，乃连年出师以扰镇之属邑。镕苦之，遣使求救于幽州。自是燕帅李匡威频岁出军，以为镕援。时匡威兵势方盛，以镕冲弱，将有窥图之志。

景福二年春，匡威率精骑数万，再来赴援，会匡威弟匡俦夺据兄位，匡威退无归路，镕乃延入府第，馆于宝寿佛寺。镕以匡威因己而失国，又感其援助之力，事之如父。五月，镕谒匡威于其馆，匡威阴遣部下伏甲劫镕，抱持之。镕曰："公戒部人勿造次。吾国为晋人所侵，垂将覆灭，赖公济援之力，幸而获存。今日之事，本所甘心。"即并辔归府舍。镕军拒之，竟杀匡威。

【译文】

王镕，他的祖上是回鹘部落人。远祖有位叫没诺干的，在唐朝至德年间，曾在镇州节度使王武俊手下充任骑兵将领。武俊赏识他的勇敢干练，收他为养子，人们管他叫王五哥，从此以后，他的子孙就以王为姓了。四世祖叫廷凑，做了镇帅王承宗的牙将。长庆初年，承宗逝世，唐穆宗李恒任命田弘正为成德军节度使。不久，镇州军人杀死了弘正，众人推举廷凑出来担任镇军留后，朝廷节制不了成德军，只得把象征着君权的旌钺授给了他。廷凑逝世，他的儿子元逵娶文宗李昂的女儿寿安公主为妻。元逵死后，儿子绍鼎承袭为镇州节度使。绍鼎死了，儿子景崇袭位，世世代代做镇州节度使，《唐书》都列有他们的传记。景崇还做了太尉、中书令，被封为常山王，中和二年（882）去世。

王镕就是景崇的儿子。他十岁那年，三军推举他继承了父亲的官爵。大顺年间，武皇李克用部下的将领李存孝在攻取了邢州、洺州以后，又向武皇献上计谋，打算兼并镇州和定州，于是连年出兵骚扰镇州所辖管的城邑，王镕苦于兵扰，派使者到幽州向燕帅李匡威求援，从此李匡威年年出兵，作为王镕的救援军队。当时匡威兵势正是强盛的时候，因为王镕幼弱，便萌发了吞并镇州的念头。

景福二年（893）春天，匡威率领好几万精锐骑兵，再次南下救援镇州，这时匡威的弟弟匡俦乘哥哥出征的机会，发动兵变，夺取了哥哥的地位。匡威已无归路可退了，王镕这才把他请进府第，安排他住在宝寿佛寺里。王镕觉得匡威是为了救援自己失掉了国家，又感谢他的尽力救援帮助，待他就像父亲一般。五月，王镕到宝寿佛寺去拜谒匡威，匡威暗中布置下伏兵，绑架了他。王镕对匡威说："您告诫部下的人不要鲁莽。我的国家受到晋人侵扰，眼看就要覆灭了，多亏您的济援功劳，侥幸获得了生存。今天的事，我本来就是甘心情愿的。"于是他和匡威二人并马还归府舍，途中遭到王镕部下军士的拒阻，竟杀死了匡威。

新五代史

◎北宋·欧阳修

◎黄菊　　节译

新五代史 > 北宋 > 欧阳修

【读史理由】

研究五代十国历史的重要材料。

文笔简洁，叙事生动，笔力可追《史记》。

【史籍简介】

《新五代史》，原名《五代史记》，是继《旧五代史》之后记述五代时期历史的重要史书。全书共七十四卷，包括本纪十二卷、列传四十五卷、考三卷、世家及世家年谱十一卷、四夷附录四卷。它是唐代设馆修史以后唯一的私修正史，撰修者是北宋的欧阳修。

【作者简介】

同《新唐书》。

【读史指南】

《新五代史》修撰时，距旧史的成书已六十多年，这个时期又出现了许多新史料，欧阳修在编撰新史时，增加了旧史所未能见到的史料。

《新五代史》新增史料最多的是《十国世家》。列传人物部分也有补充，欧阳修采用了新的材料以及笔记、小说中的材料，补充了事实。尤其应当肯定的是，“欧史”对奚、契丹、吐谷浑等边疆少数民族的史实，较之“薛史”有较多的补充。《十七史商榷》说：“僭伪诸国（指南方诸国和北汉），皆欧详薛略。”

欧阳修对所采用的史料还进行了细致考辨，订正了

《旧五代史》和其他史籍的不少错误。他对原来“薛史”芜杂的部分做了必要删削，使得条理更加清楚。尤其对列传部分做了分门别类的归纳，使同类人物各合为一传，如《死节传》《义儿传》《伶官传》等，方便读者查阅。比如对五代时期戏剧史的探讨，《伶官传》便是极好的综合资料。

此外，欧阳修是宋代的文学大家，其《新五代史》文笔简洁，叙事生动，当时人就认为它的笔力与《史记》不相上下。在二十四史中，《新五代史》文笔之出色，确属罕见。

上述都是《新五代史》不可泯灭的功劳。但它也有弱点，主要表现是：首先，欧阳修注重使用《春秋》笔法，导致文字过分简约，减去了许多重要的史料。其次，《新五代史》中，欧阳修的个人主观好恶对史实的记述有所影响。

总的来看，《新五代史》作为研究五代十国历史的重要材料，其价值是不可泯灭的，其文笔也是值得称道的。

【本经快读】

周世宗本纪

（节选自《新五代史》卷十二）

【原文】

世宗睿武孝文皇帝，本姓柴氏，邢州龙冈人也。柴氏女适太祖，是为圣穆皇后。后兄守礼子荣，幼从姑长太祖家，以谨厚见爱，太祖遂以为子。太祖后稍贵，荣亦壮，而器貌英奇，善骑射，略通书史黄老，性沈重寡言。太祖为汉枢密使，荣为左监门卫大将军。太祖镇天雄，荣领贵州刺史、天雄军牙内都指挥使。

乾祐三年冬，周兵起魏，犯京师，留荣守魏。太祖入立，拜澶州刺史、镇宁军节度使，检校太傅、同中书门下平章事。荣素为枢密使王峻所忌，广顺三年正月来朝，不得留。既而峻有罪诛，三月，拜荣开封尹，封晋王。是冬，卜以来年正月朔旦有事于南郊，而太祖遇疾，不能视朝者久之。

彩绘木塔（五代）

显德元年正月丙子，郊，

仅而成礼，即以王判内外兵马事。壬辰，太祖崩，秘不发丧。丙申，发丧，皇帝即位于柩前。右监门卫大将军魏仁浦为枢密副使。二月庚戌，回鹘遣使者来。丁卯，冯道为大行皇帝山陵使，太常卿田敏为礼仪使，兵部尚书张昭为卤簿使，御史中丞张煦为仪仗使，开封少尹权判府事王敏为桥道顿递使。汉人来讨，攻自潞州。三月辛巳，大赦。癸未，郑仁诲留守东京。乙酉，如潞州以攻汉。壬辰，次泽州，阅兵于北郊。癸巳，及刘旻战于高原，败之，追及于高平，又败之。丁酉，幸潞州。己亥，侍卫马军都指挥使樊爱能、步军都指挥使何徽伏诛。壬寅，天雄军节度使符彦卿为河东行营都部署。

【译文】

周世宗睿武孝文皇帝，原姓柴，是邢州龙冈人。柴氏之女嫁给周太祖，这就是圣穆皇后。皇后的哥哥柴守礼之子柴荣，自幼随从姑姑在周太祖家长大，因恭谨忠厚受到宠爱，周太祖就收养他作为儿子。周太祖后来逐渐尊贵。郭荣也长大成人，资质相貌英武超群，善于骑马射箭，大略通晓书籍历史、黄老之术，性格沉静持重、寡言少语。周太祖任汉枢密使，郭荣任左监门卫大将军。周太祖镇守天雄军时，郭荣任贵州刺史、天雄军牙内都指挥使。

汉隐帝乾祐三年（950）冬天，周太祖军队从魏州起兵，进犯京师，留郭荣镇守魏州。周太祖进入京师立为皇帝，授郭荣为澶州刺史、镇宁军节度使、检校太傅、同中书门下平章事。郭荣素来被枢密使王峻所嫉恨，周太祖广顺三年（953）正月，他来京朝见，不准留住。不久王峻犯罪被诛。三月，周太祖授郭荣为开封尹，封为晋王。这年冬天，通过占卜选定来年正月初一这一天到南郊祭天，但周太祖染病，不能上朝理政有很长时间。

周太祖显德元年（954）正月丙子日，祭天，太祖只能勉强行礼而已，立即任命晋王总领内外兵马军事。壬辰日，周太祖去世，封锁消息不发丧。丙申日，发布丧事，郭荣在太祖灵柩前即位。右监门卫大将军魏仁浦任枢密副使。二月庚戌日，回鹘派遣使者前来。丁卯日，世宗任命冯道为大行皇帝山陵使，太常卿田敏为礼仪使，兵部尚书张昭为卤簿使，御史中丞张煦为仪仗使，开封少尹权判府事王敏为桥道顿递使。北汉军队前来讨伐，从潞州方向发起进攻。三月辛巳日，实行大赦。癸未日，世宗任命郑仁诲为东京留守。乙酉日，周世宗前往潞州去攻伐北汉。壬辰日，在泽州住下，到城北郊外检阅军队。癸巳日，与北汉将领刘旻在野外高原交战，击败北汉军队，追到高平，又击败敌军。丁酉日，周世宗亲临潞州。己亥日，侍卫马军都指挥使樊爱能、步军都指挥使何徽伏法诛杀。壬寅日，世宗任命天雄军节度使符彦卿为河东行营都部署。

宋史

◎元·脱脱等

◎刘昌硕　节译

宋史 > 元 > **脱脱等**

【读史理由】

了解宋朝历史的第一手资料。

展现了赵匡胤、包拯、苏轼、岳飞等历史名人的真实面貌。

【史籍简介】

《宋史》是记述宋朝历史的纪传体史书。它的叙事起于宋太祖赵匡胤建隆元年（960），止于宋末帝赵昺祥兴二年（1279），详载了北宋和南宋三百多年的兴亡史。全书共四百九十六卷，包括本纪四十七卷，志一百六十二卷，表三十二卷，列传二百五十五卷，是二十四史中篇幅最庞大的一部官修史书。

【作者简介】

元顺帝至正三年（1343），朝廷命执政大臣脱脱为都总裁，铁木儿塔识、贺唯一、张起岩等为总裁官，主持修史。

脱脱（1314—1356），亦作托克托，字大用，蔑里乞氏。元朝元统二年（1334），任同知宣政院事，迁中政使、同知枢密院事、御史大夫、中书右丞相。曾参加镇压徐州芝麻李红巾军起义，功封太师。至正十四年（1354），讨伐高邮（今属江苏）张士诚起义军，被士诚击败。至正十五年（1355），被流放云南。至正二十二年（1362），昭雪复官。至正三年（1344），主编《辽史》《宋史》《金史》，任都总裁官，后被元顺帝派人毒死。

【读史指南】

《宋史》最大的特点是史料丰富，叙事详尽。宋代史学相当发达，官修的当代史有记载皇帝言行的起居注，记载宰相、执政议事及与皇帝问对的时政记，根据起居注、时政记等按月日编的日历，撰写了编年体的“实录”和纪传体的“国史”等。此外，私家撰述的历史著作也不少。这些史书在南宋灭亡时多数被元政府完整地保存下来了，修史时又进行了一些采访、搜集工作，得到了不少的野史、笔记、文集等。因此元朝修《宋史》时，拥有足够的资料。

《宋史》体例完备，纪、传、表、志俱全，而且有所创新。《宋史》列传比前代史书都丰富，共收入两千多人。《宋史》的志约占全书三分之一篇幅，仅次于列传。这些志书基本上能反映当时政治、经济、军事和文化各方面的情况。其中，《地理志》《职官志》《食货志》《兵志》都是编得较好的。

《宋史》旨在宣扬封建的伦理道德，尤其是尊奉道学（理学）的思想倾向很明显。它首创《道学传》，记载了两宋的道学家，如周敦颐、程颢、程颐、朱熹等，突出了道学的地位。再有忠义、孝义、列女三传也都是宣扬道学思想的。

《宋史》内容广博，修撰的时间相当仓促，其最大的缺点是编纂得比较草率。由于编排失当，《宋史》的结构显得较为混乱，有些列传的编排不以时间为序，造成了前后顺序的混乱。

明清以来，不少人对《宋史》加以纠正或补充，如明朝柯维骐的《宋史新编》、王惟俭的《宋史记》、清代陈黄中的《宋史稿》等。这些改订之作在史料上远不及《宋史》丰富，因此没有哪一部能够取代《宋史》。

值得一提的是，宋代在经济、文化、思想方面，达到了我国历史的最高峰。近代大史学家陈寅恪先生认为，中华民族传统文化经数千年之演变，造极于天水一朝。而要了解这一光辉灿烂的时代，《宋史》将是很好的入门参考书。

【本经快读】

太祖本纪

（节选自《宋史》卷一）

【原文】

七年春，北汉结契丹入寇，命出师御之。次陈桥驿，军中知星者苗训引门吏楚昭辅视日下复有一日，黑光摩荡者久之。夜五鼓，军士集驿门，宣言策点检为天子，或止之，众不听。迟明，逼寝所，太宗入白，太祖起。诸校露刃列于庭，曰："诸军无主，愿策太尉为天子。"未及对，有以黄衣加太祖身，众皆罗拜，呼万岁，即掖太祖乘马。太祖揽辔谓诸将曰："我有号令，尔能从乎？"皆下马曰："唯命。"太祖曰："太后、主上，吾皆北面事之，汝辈不得惊犯；大臣皆我比肩，不得侵凌；朝廷府库、士庶之家，不得侵掠。用令有重赏，违即孥戮汝。"诸将皆载拜，肃队以入。副都指挥使韩通谋御之，王彦升遽杀通于其第。太祖进登明德门，令甲士归营，乃退居公署。有顷，诸将拥宰相范质等至，太祖见之，呜咽流涕曰："违负天地，今至于此！"质等未及对，列校罗彦瓌按剑厉声谓质等曰："我辈无主，今日须得天子。"质等相顾，计无从出，乃降阶列拜。召文武百僚，至晡，班定。翰林承旨陶谷出周恭帝禅位制书于袖中，宣徽使引太祖就庭，北面拜受已，乃掖太祖升崇元殿，服衮冕，即皇帝位。迁恭帝及符后于西宫，易其帝号曰郑王，而尊符后为周太后。

【译文】

显德七年（960）春天，北汉勾结契丹进犯后周，朝廷命令太祖率领军队抵御敌人。大军到达陈桥驿，军队里一名懂得天文的人苗训，招呼门吏楚昭辅看太阳下面还有一个太阳，黑光来回摇动了很长时间。夜晚五更，军中将士集中在驿门前，当众宣布策立点检做皇帝，有人劝阻将士，大家也不听。天快亮的时候，将士们来到太祖寝室外，太宗进入房间向太祖报告外面发生的事情，太祖起身。军校们手里拿着兵器排列在庭院中，说："现在军队没有主人，我们愿意策立太祖当皇帝。"太祖还没有来得及答话，就有人把黄袍披在太祖身上，大家围着他下拜，高喊万岁，并立即扶太祖上马。太祖拉住马缰绳对将领们说：“我的号令，你们能够听从吗？”众将下马答道：“一定听从命令。”太祖说：“太后、皇帝，我都在北面侍奉他们，你们这些人不能惊扰冒犯；各位大臣都是我的平辈同事，你们不得侵犯凌侮；朝廷的府库、官宦百姓的家庭，不得侵犯掠夺。听从命令有重赏，违抗命令就杀你们的头。”将领们都再次下拜，严整队伍返回开封城。后周副都指挥使韩通计划抵抗，王彦升情急之下在他家把韩通杀死。太祖进城登上明德门，命令将士回到军营去，自己也回到官署。过了不久，将领们拥着宰相范质等人前来，太祖见了他们，低声哭泣着说：“我违背天地，今天到了这种地步！”范质等人还没有来得及答话，列校罗彦瑰手按宝剑高声对范质等人说：“我们这些人没有主人，今天一定要有天子。”范质等人互相看看，没有什么办法，于是退到台阶下列队下拜。太祖召集文武百官，到了黄昏时，文武官员已排定了位置。翰林承旨陶谷从袍袖中拿出周恭帝的禅位制书，宣徽使引导太祖到了殿前庭里，北面下拜接受制书后，又扶着太祖登上崇元殿，换上皇帝的衣帽，登上皇帝宝座。把周恭帝和符太后迁到西宫，把恭帝改为郑王，而尊奉符太后为周太后。

苏轼列传

（节选自《宋史》卷三百三十八）

【原文】

苏轼，字子瞻，眉州眉山人。生十年，父洵游学四方，母程氏亲授以书，闻古今成败，辄能语其要。程氏读东汉《范滂传》，慨然太息，轼请曰："轼若为滂，母许之否乎？"程氏曰："汝能为滂，吾顾不能为滂母邪？"

比冠，博通经史，属文日数千言，好贾谊、陆贽书。既而读《庄子》，叹曰："吾昔有见，口未能言，今见是书，得吾心矣。"嘉祐二年，试礼部。方时文磔裂诡异之弊胜，主司欧阳修思有以救之，得轼《刑赏忠厚论》，惊喜，欲擢冠多士，犹疑其客曾巩所为，但置第二；复以《春秋》对义居第一，殿试中乙科。后以书见修，修语梅圣俞曰："吾当避此人出一头地。"闻者始哗不厌，久乃信服。

【译文】

苏轼，字子瞻，眉州眉山人。苏轼十岁时，父亲苏洵到各地求学，母亲程氏亲自教授苏轼读书，苏轼听到古今成功和失败之处，就能说出其中的要害。程氏读《后汉书·范滂传》，激愤叹息，苏轼问母亲："我如果成为范滂，母亲是否赞许？”程氏说：“你能成为范滂，难道我就不能成为范滂的母亲吗？”

等到成年，苏轼博通经史，一天能写几千字的文章。他喜欢贾谊、陆贽的书，不久读《庄子》，感叹说：“我以前虽然有这种看法，嘴巴里却说不出来，今天看到了这本书，正合我的心意呀！”嘉祐二年（1057），苏轼参加礼部考试。在当时科举应试的文章中，割裂文辞，追求怪异的流弊占了上风，主考官欧阳修正思考用怎样的方法来挽救文风，看到苏轼的《刑赏忠厚论》，十分惊喜，想把这位考生选为第一名，但怀疑文章是他的门客曾巩写的，所以只是取为第二等。后来苏轼又凭《春秋》对义得居第一等，殿试时中了乙科。考试完了，苏轼写了名帖去拜见欧阳修，欧阳修对梅圣俞说：“我当设法避开这个人，让他出一头地。”听到此话的人开始哗然不服，以后就信服了。

岳飞列传

（节选自《宋史》卷三百六十五）

【原文】

飞至孝，母留河北，遣人求访，迎归。母有痼疾，药饵必亲。母卒，水浆不入口者三日。家无姬侍。吴玠素服飞，愿与交欢，饰名姝遗之。飞曰：“主上宵旰，岂大将安乐时？”却不受，玠益敬服。少豪饮，帝戒之曰：“卿异时到河朔，乃可饮。”遂绝不饮。帝初为飞营第，飞辞曰：“敌未灭，何以家为？”或问天下何时太平，飞曰：“文臣不爱钱，武臣不惜死，天下太平矣。”

师每休舍，课将士注坡跳壕，皆重铠习之。子云尝习注坡，马踬，怒而鞭之。卒有取民麻一缕以束刍者，立斩以徇。卒夜宿，民开门愿纳，无敢入者。军号“冻死不拆屋，饿死不掳掠”。卒有疾，躬为调药；诸将远戍，遣妻问劳其家；死事者哭之而育其孤，或以子婚其女。凡有颁犒，均给军吏，秋毫不私。

【译文】

岳飞非常孝顺，母亲留在河北时，岳飞派人寻求探访，迎接母亲南归。岳飞的母亲长期生病，药物补品等，岳飞都必定亲手调理。母亲故世，岳飞三天滴水不入口。家中没有姬妾侍奉。吴玠一直佩服岳飞，愿意和岳飞结为好友，于是就把一名姿色出众的美女送给岳飞。岳飞说：“皇上天不亮就起身，很晚才吃饭，现在哪是大将享受安乐的时候？”推却不接受，吴玠更加尊敬佩服。岳飞年轻时很能喝酒，高宗告诫他说：“你将来打到河朔地区，就可以畅饮。”岳飞于是不再喝酒。高宗当初为岳飞营造府第，岳飞推辞说：“敌人没有消灭，怎么可以为家庭？”有人问岳飞天下什么时候太平，岳飞说：“文官不爱钱，武将不惜死，天下就太平了。”

岳飞率部队每次驻扎休整，都训练将士们从斜坡上骑马急驰而下跳跃壕沟，并且都穿着重甲练习这些科目。他的儿子岳云曾经练习从斜坡上骑马急驰而下，战马跌倒，岳飞十分生气而鞭打岳云。有一名士兵拿了老百姓的一缕麻用来捆扎喂牲口的草，岳飞立即将他斩首示众。士兵夜间宿营，老百姓打开房门愿意让他们进屋休息，没有一个人敢进入房中。岳飞的部队号称“冻死不拆屋，饿死不掳掠”。士兵有病，岳飞亲自为他调药；诸将远征，岳飞派自己的妻子慰劳他们的家眷；战死的将领，岳飞为之哭泣并养育他们的孤儿，或者让儿子娶阵亡将领的女儿为妻。凡是有朝廷颁发下的犒赏，平均分配给部下军吏，秋毫不据为私有。

辽史

◎元·脱脱等

◎叶更新　节译

【读史理由】

了解辽朝历史的第一手资料。

现存唯一的一部比较系统、完整地记载辽朝历史事实的著作。

研究契丹语言文字历史的珍贵资料。

【史籍简介】

《辽史》是记载辽朝历史的纪传体史书。它较为系统地记载了我国古代契丹族建立的辽朝二百多年的历史，并兼载了辽立国以前契丹的状况，以及辽灭亡后耶律大石所建西辽的概况，是研究辽、契丹、西辽的重要史籍。全书共一百一十六卷，包括本纪三十卷，志三十二卷，表八卷，列传四十五卷，国语解一卷。

【作者简介】

同《宋史》。

【读史指南】

《辽史》最大的特点是立了八表，仅次于《史记》和《汉书》。《辽史》的表，如世表、部族表、属国表、皇子表、公主表、皇族表等，内容极为丰富而且简明扼要。其中的《游幸》《部族》《属国》三表，是《辽史》的创新。《辽史》的表多，减少了立传之繁，省却了许多篇幅，弥补了纪、志、传记载的不足，从而使“一代之事迹亦略备”。

《辽史》的志以《营卫志》《兵卫志》最有价值。《营卫志》为我们保留了契丹早期宫帐（斡鲁朵）、捺钵（行营）及部族的组织与历史等方面的重要史料；《兵卫志》则记述了辽的军事组织情况，包括御帐亲军、宫卫骑军、大首领部族军、众部族军等。这两种志书对了解和研究辽代的政治、军事和民族情况有很大帮助。

另外，《辽史》的最后有《国语解》一卷，对书中出现的有关官制、人事、物产、部族、姓氏等方面的契丹词汇做了译解，方便人们阅读，也成了我们研究契丹语言文字历史的珍贵资料。

人们对《辽史》的评价很低，因其成书非常仓促，所据资料也少，其缺点主要表现是：一、过于简略，叙事不明；二、疏漏了一些大事。如建国后，曾几次改变国号，改号复号是旧王朝的一件大事，但《辽史》中竟然没有记载；三、记事前后矛盾，错误较多。

《辽史》的缺陷虽多，但是留传到现代的辽朝史料已经非常之少，作为纪传体史书的《辽史》，对于后人比较系统而完整地了解和研究辽朝历史，其价值不言而喻。

【本经快读】

耶律大石传

（节选自《辽史》卷三十）

【原文】

耶律大石者，世号为西辽。大石字重德，太祖八代孙也。通辽、汉字，善骑射，登天庆五年进士第，擢翰林应奉，寻升承旨。辽以翰林为林牙，故称大石林牙。历泰、祥二州刺史，辽兴军节度使。

保大二年，金兵日逼，天祚播越，与诸大臣立秦晋王淳为帝。淳死，立其妻萧德妃为太后，以守燕。及金兵至，萧德妃归天祚。天祚怒诛德妃而责大石曰："我在，汝何敢立淳？"对曰："陛下以全国之势，不能一拒敌，弃国远遁，使黎民涂炭。即立十淳，皆太祖子孙，岂不胜乞命于他人耶？"上无以答，赐酒食，赦其罪。

高翅鎏金银冠（辽）

大石不自安，遂杀萧乙薛、坡里括，自立为王，率铁骑二百宵遁。北行三日，过黑水，见白达达详稳床古儿。床古儿献马四百，驼二十，羊若干。西至可敦城，驻北庭都护府，会威武、崇德、会蕃、新、大林、紫河、驼等七州及大黄室韦、敌剌、王纪剌、茶赤剌、也喜、鼻古德、尼剌、达剌乖、达密里、密儿纪、合主、乌古里、阻卜、普速完、唐古、忽母思、奚的、纠而毕十八部王众，谕曰："我祖宗艰难创业，历世九主，历年二百。金以臣属，逼我国家，残我黎庶，屠翦我州邑，使我天祚皇帝蒙尘于外，日夜痛心疾首。我今仗义而西，欲借力诸蕃，翦我仇敌，复我疆宇。惟尔众亦有轸我国家，忧我社稷，思共救君父，济生民于难者乎？"遂得精兵万余，置官吏，立排甲，具器仗。

【译文】

耶律大石，当世号称西辽。大石字重德，是太祖的八代孙子。懂得辽、汉文字，善于骑马射箭，天庆五年（1115）考取进士，提升为翰林应奉，不久又升为翰林承旨。辽称翰林为林牙，所以叫大石林牙。历官泰、祥二州刺史，辽兴军节度使。

保大二年（1122），金兵日益逼近，天祚皇帝迁移流亡。耶律大石与各位大臣立秦晋王耶律淳为皇帝。晋王淳死后，立他的妻子萧德妃为太后，以便守卫燕地。等到金兵来到的时候，萧德妃投归天祚皇帝。天祚皇帝大怒，诛杀德妃而责备大石说："有我在，你怎么敢立耶律淳？"大石回答说："陛下凭借全国的威势，不能抗拒一下敌人，丢弃京城而远远地逃跑，使平民百姓遭难。即使立十个耶律淳，都是太祖的子孙，难道不比乞命于他人更好吗？”皇上无以回答，赐给酒食，宽恕了他的罪过。

大石不安于现状，于是斩杀萧乙薛、坡里括，自立为王，率领精悍的骑兵二百人乘夜逃走。他们向北走了三天，过黑水，见到了白达达详稳床古儿。床古儿献马四百匹，骆驼二十头，羊若干。大石向西走到了可敦城，屯驻于北庭都护府，会见威武、崇德、会蕃、新、大林、紫河、驼等七州，以及大黄室韦、敌剌、王纪剌、茶赤剌、也喜、鼻古德、尼剌、达剌乖、达密里、密儿纪、合主、乌古里、阻卜、普速完、唐古、忽母思、奚的、纠而毕十八部的王和群众，晓谕他们说：“我的祖先艰难创业，传九代皇帝，历时二百年。金只是辽的陪臣属国，它逼迫我的国家，残害我的黎民百姓，屠杀裁翦我的州郡城镇，使我天祚皇帝出奔在外，日日夜夜痛心疾首。我今天仰仗着道义向西而去，想借各个蕃落的力量，消灭我的仇敌，恢复我的疆域，只是你们这些大众也有悲我国家、忧我宗社、想共同救援君父、救济生民于灾难之中的人吗？”于是得到精兵一万多，设置官吏，建立排甲，完备器仗。

金史

◎元·脱脱等

◎张继伟　节译

【读史理由】

了解女真族早期历史和金朝历史的第一手资料。

元修三史中最好的一部。

【史籍简介】

《金史》是反映女真族所建金朝兴衰始末的重要史籍。记载了上起金太祖收国元年（1115）阿骨打称帝，下至金哀宗天兴三年（1234）蒙古灭金，共一百二十年的历史。全书共一百三十五卷，包括本纪十九卷、志三十九卷、表四卷、列传七十三卷，书后还附有《金国语解》一篇。

【作者简介】

同《宋史》。

【读史指南】

《金史》修成以后，得到了许多学者的好评。《金史》经历了很长时间才成书，同《宋史》《辽史》的仓促成书不同，因此有高下之分。《四库全书总目》中赞扬《金史》说："首尾完密，条例整齐，约而不疏，瞻而不芜，在三史之中，独为最善。"

《金史》在编写体例上有所创新。书中的本纪第一卷，不是从金太祖阿骨打开始，而是以《世纪》为开始，追述阿骨打前十代的事迹，回顾了女真族建国前的历史，从而保存了女真族早期历史的珍贵材料，备受今人重视。

本纪的末尾又有《世纪补》，用以记述熙宗的父亲景宣帝、金世宗的父亲睿宗、金章宗的父亲显宗。这三人原来都是大臣，只是由于他们的儿子做了皇帝，不便列入诸臣传，所以增设《世纪补》。这种体例处理得当，后来为《元史》《明史》所效法。

“柳毅传书”纹铜镜

《金史》中的表和志，使用了大量的第一手材料，将金朝的典章制度比较系统、全面地记载下来。此外，《金史》在最末尾专立《金国语解》一篇，用汉语标出了表现在官称、人事、物象、姓氏等之中的女真语称谓，是参照释读《金史》及研究女真语言文字的重要资料。

《金史》在史料剪裁及记述方面，处理也比较得体。《金史》把每一件大事在一两个主事人的纪、传中详述，对其他事和人，只是在其他纪、传中从侧面加以补充。从而避免了像《宋史》那样详略失当、比例失调的现象。

《金史》以“实录”为依据，史料翔实可信。对金朝统治阶级的残暴荒淫、互相倾轧，能充分予以揭露，而在记述金与辽的往来和征战中，对金统治者所用的诈谋诡计等，也能如实反映。

当然，《金史》也有一些不足之处。有的重要人物没有列传，书中记载史实，出现过颠倒年代顺序、人名地名不统一等现象。

总体而言，《金史》作为元修三史中最为完善的一部，十分值得一看。

【本经快读】

完颜宗弼列传

（节选自《金史》卷七十七）

【原文】

宗弼，本名斡啜，又作兀术，亦作斡出，或作晃斡出，太祖第四子也。希尹获辽护卫习泥烈，问知辽帝猎鸳鸯泺。都统杲出青岭，宗望、宗弼率百骑与马和尚逐越卢、孛古、野里斯等，驰击败之。宗弼矢尽，遂夺辽兵士枪，独杀八人，生获五人，遂审得辽主在鸳鸯泺畋猎，尚未去，可袭取者。

及宗望伐宋，宗弼从军。取汤阴县，降其卒三千人。至御河，宋人已焚桥，不得渡，合鲁索以七十骑涉之，杀宋焚桥军五百人。宗望遣吴孝民先入汴谕宋人，宗弼以三千骑薄汴城。宋上皇出奔，选百骑追之，弗及，获马三千而还。

宗望薨，宗辅为右副元帅，徇地淄、青。宗弼败宋郑宗孟数万众，遂克青州。复破贼将赵成于临朐，大破黄琼军，遂取临朐。宗辅军还，遇敌三万众于河上，宗弼击败之，杀万余人。诏伐宋康王，宗辅发河北，宗弼攻开德府，粮乏，转攻濮州。前锋乌林答泰欲破王善二十万众，遂克濮州，降旁近五县。攻开德府，宗弼以其军先登，奋击破之。攻大名府，宗弼军复先登，破其城。河北平。

【译文】

宗弼本来的名字叫斡啜，又叫兀术，也叫斡出，或者叫晃斡出，是太祖的第四个儿子。希尹俘获了辽的护卫习泥烈，通过审问，希尹得知辽帝在鸳鸯泺游猎。都统杲出兵青岭，宗望、宗弼率领一百骑兵与马和尚追击越卢、孛古、野里斯等，打败了他们。宗弼的箭用完了，就夺过辽兵士的枪，一个人杀死了八个人，生擒了五个人，通过审问，他得知辽主在鸳鸯泺畋猎还没有离开，可以乘机袭击并抓住他。

宗望攻伐宋朝的时候，宗弼跟随军队，夺取了汤阴县，降服宋兵三千来人。到了御河，宋人已焚烧桥梁，不能渡过去，合鲁索带七十名骑兵涉水而过，斩杀宋烧桥的士兵五百来人。宗望派吴孝民先行进入汴京宣谕宋人，宗弼用

金兀术像

三千骑兵逼近汴城。宋太上皇出逃，宗弼选一百名骑兵追他，没有追上，获得马三千匹而回。

宗望去世，宗辅为右副元帅，在淄、青二州攻占土地。宗弼打败了宋郑宗孟的军队好几万人。于是攻克了青州。又在临朐击溃贼将赵成，大破黄琼的军队，夺取了临朐。宗辅军队撤回，在黄河遇到敌军三万人，宗弼打败了他们，斩杀一万多人。皇帝下令讨伐宋康王，宗辅从河北出发，宗弼攻打开德府，粮食缺乏，转攻濮州。前锋乌林答泰想打败王善二十万军队，于是攻克濮州，降服旁近五个县。攻打开德府时，宗弼使自己的军队首先登上了城墙，奋力打破开德城。攻打大名府时，宗弼的军队又先行登上城墙，攻破了这座城池。河北被平定了。

元史

◎明·宋濂等

◎谢国庆　节译

【读史理由】

了解元朝历史的第一手材料。

为研究蒙古族的历史与文化提供了宝贵资料。

【史籍简介】

《元史》是系统记述元朝历史的纪传体史书。它的叙事起自元太祖成吉思汗统一漠北，止于元朝灭亡，记载了元朝一百六十余年的兴亡史。全书共二百一十卷，其中本纪四十七卷、志五十八卷、表八卷、列传九十七卷。

【作者简介】

洪武元年（1368）十二月，明太祖朱元璋下诏编修《元史》，左丞相李善长为监修，宋濂、王祎为总裁官，参加修史的人员前后共有三十余人。

宋濂（1310—1381），字景濂，号潜溪，先祖潜溪（今属浙江义乌）人，至宋濂时迁到浦江（今浙江浦江县）。明初诗文家。自幼好学，曾隐居龙门山著书10余年。朱元璋称帝后又命他为文学顾问、江南儒学提举，为太子讲经。洪武二年（1369）奉命修《元史》，为总裁官。曾被誉为“开国文臣之首”。有《宋学士全集》《孝经新说》等著作。

【读史指南】

《元史》称得上是一部较好的正史。它的体例完备，纪、传、表、志俱全。《元史》的本纪记载了十四位皇帝，其中《太祖纪》共一卷，除记载铁木真一生活动外，还记载了其前十世的简单情况和世系，使后人对蒙古族的早期历史有所了解。忽必烈的《世祖本纪》最为详尽，共十四卷，占本纪篇幅的三分之一，《顺帝本纪》也有十卷之多。《元史》的编纂原则符合史学精神，材料多就多编，材料少就少编。

《元史》各志，按时间先后记述事实、制度的变化沿革，保存了大量珍贵的资料。《天文志》记载了元代杰出科学家郭守敬所制作的天文仪器，以及引进西域的天文仪器。《历志》记录了元代的各种历法，特别是郭守敬创制的《授时历》。《地理志》是根据《大元一统志》，《河渠志》是根据《海运纪原》、《河防通议》等书编撰的。而今，《大元一统志》等书已经散佚，《元史》志书中保存了这些书的内容，史料价值就更为可贵了。

《元史》列传内容丰富，涉及的人物有1270多人。类传共十四种，以《儒学传》《列女传》《孝友传》《忠义传》四种所记的人物最多。《外夷传》则记载了二十个国家和地区的情况。《元史》的编修者还违反一般的修史惯例，在列传中把佛教、道教人物排在最前面。《元史》的列传所叙述的事，都有详细的年月日记载，这就更增加了参考价值。

《元史》体例整齐，文字浅显，叙事明白易懂，还保留了不少当时的方言土语。

由于编修时间仓促，《元史》难免会有不足之处。就资料而言，由于《元史》的编纂距元朝灭亡只有一两年时间，长期战乱，导致散失了很多史籍。有些史料来不及引用，而对于已经收集到的资料，因当时的编纂人不懂蒙古文，也无法加以充分利用。

另外，《元史》考证的功夫也不够，造成了书中的许多错误。因此，阅读《元史》，最好参考《元朝秘史》《新元史》等书籍。

【本经快读】

太祖本纪

（节选自《元史》卷一）

【原文】

初，烈祖征塔塔儿部，获其部长铁木真。宣懿太后月伦适生帝，手握凝血如赤石。烈祖异之，因以所获铁木真名之，志武功也。族人泰赤乌部旧与烈祖相善，后因塔儿不台用事，遂生嫌隙，绝不与通。及烈祖崩，帝方幼冲，部众多归泰赤乌。近侍有脱端火儿真者，亦将叛，帝自泣留之。脱端曰：“深池已干矣，坚石已碎矣，留复何为！”竟帅众驰去。宣懿太后怒其弱己也，麾旗将兵，躬自追叛者，驱其太半而还。时帝麾下搠只别居萨里河。札木合部人秃台察儿居玉律哥泉，时欲相侵凌，掠萨里河牧马以去。搠只麾左右匿群马中，射杀之。札木合以为怨，遂与泰赤乌诸部合谋，以众三万来战。帝时驻军答兰版朱思之野，闻变，大集诸部兵，分十有三翼以俟。已而札木合至，帝与大战，破走之。

当是时，诸部之中，唯泰赤乌地广民众，号为最强。其族照烈部，与帝所居相近。帝常出猎，偶与照烈猎骑相属。帝谓之曰："今夕可同宿乎？"照烈曰："同宿固所愿，但从者四百，因糗粮不具，已遣半还矣，今将奈何？"帝固邀与宿，凡其留者，悉饮食之。明日再合围，帝使左右驱兽向照烈，照烈得多获以归。其众感之，私相语曰："泰赤乌与我虽兄弟，常攘我车马，夺我饮食，无人君之度。有人君之度者，其惟铁木真太子乎？"

【译文】

最初的时候，烈祖征讨塔塔儿部，擒获该部首领铁木真。此时烈祖的妻子宣懿太后月伦生下太祖，太祖一生下来，他的手中就握了一团如赤石般的凝血。烈祖十分惊异，就取刚擒获的铁木真的名字为他命名，用以纪念这次战事。同族的泰赤乌部原来和烈祖关系很好，后来因为塔儿不台管事，便产生了隔阂，互不往来。烈祖死时，太祖年纪还小，部众大多归附泰赤乌部。侍从脱端火儿真也要叛变，太祖哭着挽留他。脱端说："深深的池水已经干涸了，坚硬的石头已经碎裂了，留下干什么！"说完竟然带着众人骑马离去。太后月伦对于太祖懦弱感到愤怒，亲自打着旗带着兵追上前去，将大部分企图叛变的部众追了回来。当时太祖部下的搠只居住在萨里河。札木合部的秃台察儿居住在玉律哥泉，时常想要加以欺侮搠只，最后，终于将萨里河放牧的马群抢走。搠只指挥身边的人藏在马群中，将秃台察儿射死。札木合因此怨恨，便和泰赤乌各部共同商议，发动三万人前来打仗。太祖这时屯驻在答兰版朱思草原上，听到消息，大规模征集各部的军队，分成十三翼等待对方的到来。后来札木合的军队果然前来，太祖和他们激烈交锋，终于将对方打败。

元太祖成吉思汗像

在那个时候，各部之中只有泰赤乌土地广大人口众多，号称最强大。泰赤乌部中的照烈部，住处与太祖相接近。太祖有一次出去打猎，偶然和照烈的打猎队伍相遇。太祖对照烈部的人说：“今天晚上可以在一起宿营吗？”照烈部的人说：“一起宿营当然是我的愿望，但是跟从出来打猎的有四百人，因为带的食物不够，已经先让一半人回去了，现在怎么办才好？”太祖坚持邀请他们一同宿营，凡是留下的，一概供应饮食。第二天一起打猎，太祖让身边的人将野兽都赶到照烈一方，照烈得到许多猎物之后就回去了。他的部众都感激太祖，私下相互说：“泰赤乌和我们虽是兄弟，却常常抢我们的车马，夺我们的食物，没有君主的度量。有君主度量的，看来只有铁木真太子了。”

耶律楚材列传

（节选自《元史》卷一百四十六）

【原文】

耶律楚材，字晋卿，辽东丹王突欲八世孙。父履，以学行事金世宗，特见亲任，终尚书右丞。楚材生三岁而孤，母杨氏教之学。及长，博极群书，旁通天文、地理、律历、术数及释老、医卜之说，下笔为文，若宿构者。金制，宰相子例试补省掾。楚材欲试进士科，章宗诏如旧制。问以疑狱数事，时同试者十七人，楚材所对独优，遂辟为掾。后仕为开州同知。

【译文】

耶律楚材，字晋卿，是辽朝东丹王突欲的八世孙。父亲耶律履，因为学问、操行出众，所以为金世宗服务，他受到特殊的信任，官至尚书右丞。楚材三岁时便成为孤儿，母亲杨氏教他读书。长大以后，他博览群书，甚至连天文、地理、律历、术数以及佛、道、医、卜的学问，无不精通，写作文章，就像是事先做好的那样。金朝的制度，有一条是宰相之子经考试合格可以任尚书省的掾史属官。楚材想参加进士科的考试，章宗下令按原有制度办。当时一同参试的有十七人，考试时，考官询问他们对几个疑难案件的看法，楚材的回答特别好，因而被征召为尚书省属官。后来升到开州同知。

【原文】

贞祐二年，宣宗迁汴，完颜福兴行尚书事，留守燕，辟为左右司员外郎。太祖定燕，闻其名，召见之。楚材身长八尺，美髯宏声。帝伟之，曰："辽、金世仇，朕为汝雪之。"对曰："臣父祖尝委质事之，既为之臣，敢仇君耶！"帝重其言，处之左右，遂呼楚材曰吾图撒合里而不名，吾图撒合里，盖国语长髯人也。

【译文】

贞祐二年（1214），宣宗迁都到汴，完颜福兴被留燕京，行尚书省事，他便征召楚材为左右司员外郎。太祖成吉思汗取燕京，听说过楚材的名字，加以召见。楚材身长八尺，有很漂亮的胡子，声音洪亮。太祖很看重他，对他说："辽、金是世世代代的仇敌，我为你报仇雪恨。"楚材回答说："我的父亲和祖父都曾委身归附金朝，既为金朝的臣属，怎敢以君主为仇敌呢！"太祖很重视他这番话，让他在自己身边办事，于是便称呼楚材为"吾图撒合里"而不叫他的名字，"吾图撒合里"在蒙语中意思是胡子很长的人。

明史

◎清·张廷玉等
◎王敬文　节译

明史 > | 清 > | 张廷玉等

【读史理由】

全面了解明朝历史的重要资料。

体例严谨，编排得当，便于读者从整体上把握明王朝的兴衰始末。

【史籍简介】

《明史》是记述明朝历史的纪传体史书。它的叙事起自朱元璋洪武元年（1368），终于朱由检崇祯十七年（1644），详载了明朝二百多年的兴衰史。全书共三百三十二卷，包括本纪二十四卷、志七十五卷、列传二百二十卷、表十三卷。

【作者简介】

张廷玉（1672—1755），字衡臣，号砚斋，安徽桐城人。康、雍、乾三朝老臣。清代，配享太庙的汉臣，仅他一人，并开清代文臣封侯伯之先例。曾先后纂《康熙字典》《雍正实录》，并充《明史》《国史馆》《清会典》。著有《澄怀园》，全集三十七卷。

【读史指南】

《明史》修成之后，得到史家的好评，认为它超越了宋、辽、金、元诸史，是二十四史中的佳作之一。史评家赵翼在《廿二史劄记》中，曾将辽、宋、金、元诸史和《明史》做了比较，认为“未有如《明史》之完善者”。

《明史》之成功，首先与所据史料之丰富有关。明朝自朱元璋开国至崇祯灭亡共历十六帝，历276年。在这期间，产生了许多官私史书、笔记、文集，积累了大量的公文、档案。此外，还有不少的私人文集、遗事等，这些在清初基本上都保存下来了。有如此丰富的史料，《明史》的史料价值自然较高。

《明史》体例严谨，并且有所创新，在列传中专列了“阉党”“流贼”和“土司”三目。《阉党传》记载了王振、刘瑾、魏忠贤等宦官党羽祸国殃民的罪行。《明史》为李自成、张献忠等农民起义领袖立传，虽称之为“流贼”，但客观上保存了明末农民战争的珍贵史料。《土司传》专写西南少数民族的情况，为后人研究有关少数民族历史提供了重要资料。

《明史》在有些地方持论公允，也能秉直书写。如对袁崇焕被清太宗设反间计杀害一事，以及熊廷弼功罪问题的记载，都很有参考价值。

综观《明史》，其缺点也很明显。由于清朝实行文禁政策，《明史》的作者常常不得不用曲笔，有的地方甚至歪曲捏造。另外，《明史》对纲常名教的宣扬和对农民起义的仇视，都达到极其露骨的地步。这些缺陷，表明了封建桎梏已经在严重束缚着中国的发展，封建官修正史已经走上了穷途末路，《明史》的“完善”只是它的“回光返照”。不过，《明史》总算为二十四史画上了一个圆满的句号。

【本经快读】

太祖本纪

（节选自《明史》卷一）

【原文】

太祖开天行道肇纪立极大圣至神仁文义武俊德成功高皇帝，讳元璋，字国瑞，姓朱氏。先世家沛，徙句容，再徙泗州。父世珍，始徙濠州之钟离。生四子，太祖其季也。母陈氏，方娠，梦神授药一丸，置掌中有光，吞之，寤，口余香气。及产，红光满室。自是夜数有光起，邻里望见，惊以为火，辄奔救，至则无有。比长，姿貌雄杰，奇骨贯顶。志意廓然，人莫能测。

明太祖朱元璋

至正四年，旱蝗，大饥疫。太祖时年十七，父母兄相继殁，贫不克葬。里人刘继祖与之地，乃克葬，即凤阳陵也。太祖孤无所依，乃入皇觉寺为僧。逾月，游食合肥。道病，二紫衣人与俱，护视甚至。病已，失所在。凡历光、固、汝、颍诸州三年，复还寺。当是时，元政不纲，盗贼四起。刘福通奉韩山童假宋后起颍，徐寿辉僭帝号起蕲，李二、彭大、赵均用起徐，众各数万，并置将帅，杀吏，侵略郡县，而方国珍已先起海上。他盗拥兵据地，寇掠甚众，天下大乱。

十二年春二月，定远人郭子兴与其党孙德崖等起兵濠州。元将彻里不花惮不敢攻，而日俘良民以邀赏。太祖时年二十四，谋避兵，卜于神，去留皆不吉。乃曰：“得毋当举大事乎？”卜之吉，大喜，遂以闰三月甲戌朔入濠见子兴。子兴奇其状貌，留为亲兵。战辄胜，遂妻以所抚马公女，即高皇后也。子兴与德崖龃龉，太祖屡调护之。

【译文】

太祖开天行道肇纪立极大圣至神仁文义武俊德成功高皇帝名元璋，字国瑞，姓朱。先辈家在沛，迁到句容，再迁到泗州。父亲朱世珍，开始迁居到濠州的钟离。生了四个儿子，太祖排行第三。母亲陈氏，正妊娠的时候，梦见有神给了她一粒丸，放在手中有光亮，吞了它，醒来口里还有香气。临产时，屋有红光。从此，晚上经常有光升起。邻居看见后很害怕，以为是失火，总是跑去救，到那里则什么都没有。朱元璋长大后，一副英雄豪杰的相貌姿态，有块特别的骨头横贯在头顶上。朱元璋志向远大，别人难以揣测。

至正四年（1344），由于旱灾蝗灾，出现大规模的饥荒和瘟疫。当时太祖十七岁，父母兄长接连死去，因为贫穷无力安葬。同乡人刘继祖给了他一块地，才能安葬，这块地就是后来的凤阳陵。太祖孤身一人无所依靠，便去了皇觉寺当和尚。过了一个月，游食到合肥。路上病了，有两个穿紫色衣服的人和他在一起，看护照顾他很周到。病好了，两个人不知道到哪里去了。三年来经过了光州、固州、汝州、颍州等地，再回皇觉寺。当时，元朝政治腐败，盗贼四起。刘福通事奉韩山童假称是宋朝后代在颍州起事，徐寿辉僭称帝号在蕲州起事，李二、彭大、赵均用在徐州起事，各拥有部众几万人，设置将帅，杀官吏，侵犯占领郡县，而方国珍已经先在海上起事了。还有其他的盗贼拥有武装并占据地盘，侵犯抢掠的人很多，天下大乱。

至正十二年（1352）春二月，定远人郭子兴和他的党羽孙德崖等在濠州起兵。元朝将领彻里不花害怕，不敢攻打他们，每天只是俘虏百姓去邀赏赐。太祖当时二十四岁，想躲避兵灾，在神像前占卜，无论出去还是留下来都不吉利，便说：“难道是应该发动大事吗？”占卜得吉，他很高兴，于是在闰三月甲戌初一到濠州见郭子兴。郭子兴看他相貌非凡，留他当了亲兵。太祖打仗总是胜利，于是郭子兴把自己抚养大的马公的女儿嫁给了他，她就是后来的高皇后。子兴和孙德崖有矛盾，太祖屡次调解保护郭子兴。

书目

049. 黄帝内经
050. 菜根谭
051. 围炉夜话
052. 小窗幽记
053. 挺经
054. 冰鉴
055. 楚辞经典
056. 汉赋经典
057. 唐诗
058. 宋词
059. 元曲
060. 豪放词
061. 婉约词
062. 李白·杜甫诗
063. 红楼梦诗词
064. 最美的诗
065. 最美的词
066. 文心雕龙
067. 天工开物
068. 梦溪笔谈
069. 山海经
070. 徐霞客游记
071. 古文观止
072. 唐宋八大家散文
073. 最美的散文（世界卷）
074. 最美的散文（中国卷）
075. 朱自清散文
076. 人间词话
077. 喻世明言
078. 警世通言
079. 醒世恒言
080. 初刻拍案惊奇
081. 二刻拍案惊奇
082. 笑林广记
083. 世说新语
084. 太平广记
085. 容斋随笔
086. 浮生六记
087. 牡丹亭
088. 西厢记
089. 四库全书
090. 中华句典
091. 说文解字
092. 姓氏
093. 茶道
094. 奇趣楹联
095. 中华书法
096. 中国建筑
097. 中国文化常识
098. 中国文明考古
099. 中国文化与自然遗产
100. 中国国家地理